医药营销

处方药市场营销策略指南

原著 [英] 简妮斯 · 麦克莱农（Janice MacLennan）
译 良医汇市场部
主审 袁泽之

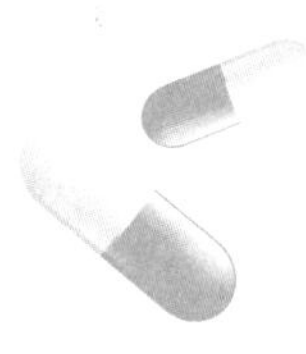

Pharmaceutical Marketing

Brand Planning for the Pharmaceutical Industry

内容提要

本书为“医药营销管理系列”丛书之一。

本书不仅提供了品牌规划的理论框架，还结合了丰富的案例分析。对即将上市的医药产品进行市场品牌管理与市场策略制定，帮助从业者更深入地理解品牌规划、实施品牌策略以及评估品牌策略效果。

本书适合医药领域市场部、医学部、策略部等需要在药品不同阶段开展市场活动与规划的专业人士学习参考。

上海市版权局著作权合同登记号：图字：09－2024－971

图书在版编目(CIP)数据

医药营销：处方药市场营销策略指南/（英）简妮斯·麦克莱农(Janice MacLennan)著；良医汇市场部译. —上海：上海交通大学出版社，2025. 1. — ISBN 978－7－313－31792－6

Ⅰ. F724. 73－62

中国国家版本馆 CIP 数据核字第 2024H5N053 号

医药营销：处方药市场营销策略指南

YIYAO YINGXIAO: CHUFANGYAO SHICHANG YINGXIAO CELÜE ZHINAN

著　　者：简妮斯·麦克莱农(Janice MacLennan)　　译：良医汇市场部
出版发行：上海交通大学出版社　　地　　址：上海市番禺路 951 号
邮政编码：200030　　电　　话：021－64071208
印　　制：常熟市文化印刷有限公司　　经　　销：全国新华书店
开　　本：710mm×1000mm　1/16　　印　　张：14.5
字　　数：196 千字
版　　次：2025 年 1 月第 1 版　　印　　次：2025 年 1 月第 1 次印刷
书　　号：ISBN 978－7－313－31792－6
定　　价：88.00 元

序　一

二十世纪九十年代初期，在我刚刚从医生转型为医药人时，外资药企开始布局中国，医药市场营销思维开始与国际接轨；2000年后，学术推广日趋成熟，医药市场营销驶入了发展的"快车道"；2015年以来，审评审批制度改革加速了创新药在中国的获批，数字化进一步推动了市场营销的转型升级，"高质量发展"成为医药市场营销的关键词。

三十年间，我既见证和参与了中国医药市场的跨越式发展，也为中国医药市场营销转型贡献了绵薄之力，包括主导了三十多个全球市场占有率第一的产品成功登陆中国，其中不乏全球销量第一的紫杉醇抗癌药，国内第一款免疫治疗的PD-1抗体药物，以及多款著名的治疗肺癌的经典药物的上市，打造了多个行业领导地位的著名品牌。除了引进全球领先的产品和服务，我还有幸与国内专家一起，共同推动中国临床肿瘤学会(CSCO)、中国肺癌高峰论坛等行业标杆的创立，助力了中国罕见病的注册和准入，并将全球最先进的肿瘤治疗理念带到了中国。三十年来，我从肿瘤药物的市场营销工作开始，最大的感触就是成功的品牌建设，离不开将产品融入科学的发展，不忘初心地去帮助医务人员提升学术研究和业务能力，从而让他们更好地治疗患者。

除了以学术推广为主的特殊药品的市场营销，消费医疗市场在过去的十几年也迎来了突飞猛进的发展，我在全球最大的医美公司Allergan担任中国总裁的六年间，带领团队引进了全球最正规的医学美容产品与服务登陆中国市场，包括知名的肉毒素和玻尿酸产品的品牌建设，让公司的中国业务从一个亿增长到二十个亿人民币，一跃成为全球第二大的医美市场。我们还携手行业，共同推动了医美行业"三正规"(正规医美机构、正规医美医生、正规医美产品)，为医美市场营销的规范和快速发展奠定了基础，也为中国的医美需求者开启了一个新的时代。消费医疗是 Life better 的产品,定位和定价是成功的第一步,市场推广即要符合对处方药和医疗器械法规的要求,又要教育消费者了解品牌的了解和理性消费,同时还要提升医生的技术如何正确使用产品,帮助私立医疗机构提升医院管理的能力和求美者的长期管理。这就需要跳出仅仅是学术推广的思维方式,需要有创新思维和打造生态圈的能力。

品牌建设不是一朝一夕能完成的,需要有前瞻性思维,预测未来行业和竞争格局的变化,从而在产品生命周期的不同阶段,及时调整战略和战术。而品牌经理无疑是一个产品的灵魂人物,既要有强大的业务判断能力、执行能力,还要有领导力,能够推动各个部门一起往一个方向前进。在我看来,只会做项目执行,离一个合格的品牌经理还相差甚远。一个品牌的成功,一定是由一个高度默契和高效合作的团队打造的,所以一个公司的文化和跨部门合作非常重要,而品牌经理就是把各个部门联结起来的纽带。我有幸在职业生涯的早期就开始担任品牌经理,成为一个多面手,也让我一路走到了总经理的岗位。在担任总经理的这十五年间,我看到很多公司业务模式的成功与失败,其中成功的公司几乎无一例外,都是既有开发好产品的能力,又有品牌建设和合作管理的能力。

乔治·W·默克曾经说过:“我们应当永远铭记,药物旨在救人,不在求利,但利润会随之而来。”医药行业三十年的市场经验告诉我,只要时刻将患者记在心中,就会做出正确的选择,就会取得成功。因此,每当我遇到挑战或者陷入迷茫时,都会问自己一个问题:“你的努力改变了谁的人生?”

医药行业关乎生命。我们的努力不仅是为了自身和企业的发展,更是为了给患者带来希望和健康,这是医药人天然的使命感。如果把医药市场的发展比喻成一场永不停歇的马拉松,所有医药市场营销人都是这场马拉松的参与者和贡献者,而我们奔跑的动力,是能够为患者的人生带来改变的机会。

让我们一起加油。

因为患者在等待。

安斯泰来中国区总裁

赵萍 Shirley Zhao

2024 年于北京

序　二

在全球医药行业的版图中，中国医药市场正以其独特的魅力和活力，日益成为全球关注的焦点，跨国药企对中国市场的重视日益加深，本土原研药物也在加速发展。这不仅源于其庞大的市场规模和增长潜力，更源于这片土地上对创新和卓越的不懈追求。在这样的时代背景下，我有幸成为这场变革浪潮的参与者，经历了行业的蓬勃发展，并在这一过程中不断学习和成长。

在我的职业生涯中，从默沙东到目前就职的吉利德，我在不同的公司完成了一次次药品在中国的上市，一遍遍实践着品牌战略和营销策略，并从中受益匪浅。在以患者为中心的行业共识下，不同公司也有着各自的市场营销培训体系，及营销策略的应用差异。例如，一些公司将数据分析作为核心工具，通过深入挖掘数据来洞察患者需求，实现精准的市场细分；部分公司则侧重于客户分类，通过细致的市场划分来精准定位不同患者群体，以满足他们的特定需求。无论哪种侧重，万变不离其宗的是，如何真正的挖掘产品价值，通过市场营销有效地实现产品价值。

默沙东的理念深刻地塑造了我的职业观念，它强调所有面对客户的员工都必须接受品牌战略的深入培训。这种培训的目的是确保公司内部对市场策略的理解能够达到高度一致，从而使得执行方向能够无缝衔接，全体员工能够朝着共同的目标努力。这种对策略一致性的重视，是确保公司在市场上保持竞争力的关键。

当然，除了确保内部一致性，我们有时还需要在策略上迈出更大胆的一步。这意味着从最初的研发阶段开始，我们就应该将商业化考量融入其中。这种做法要求我们在研发思维中提前规划产品的市场化路径，确保研发成果不仅科学先进，而且市场适应性强。这种前瞻性的思考，能够让我们的产品更早地与市场需求对接，提高产品的市场成功率。

自从我加入吉利德，我将这一理念继续发扬光大。吉利德在中国的战略正日益聚焦于创新产品的研发与推广，这不仅彰显了我们公司的战略选择，也反映了整个行业的发展趋势。随着中国原研药物的崛起和跨国药企对中国市场的战略布局，我们面临着将全球视野与本土实践相结合的挑战，并需要进行相应的调整。

在当前的医药市场中，我们致力于在不同文化和市场环境中，传递出一致的品牌信息，同时灵活地适应各地的特定需求。我们的目标是明确和实际的：确保我们的品牌和产品能够满足患者的需求，同时在竞争激烈的市场中保持竞争力。在这一过程中，我们特别关注中国市场的独特性，我们必须考虑到政策、支付、准入、医生认知和学术水平等多个方面的差异。这些因素共同塑造了中国市场的独特性，面对市场的不断变化，要求我们在保持全球品牌策略一致的同时，也要能够对本土市场的特定需求和挑战做出快速响应。

现如今，医药市场营销格局又迎来一次巨大的变革。数字化营销、人工智能和多渠道营销正在逐步成为新的趋势。在这个多元化和快速变化的时代，我们需要不断适应和创新，才能在医药行业中保持领先地位。但品牌战略的基本框架并未发生根本性改变。我们需要在保持品牌战略一致性的基础上，积极拥抱和整合新兴的数字化工具和平台，以适应市场的变化和发展。

随着本书的中文翻译版序言接近尾声，我希望它能为我们在品牌战略和市场营销方面的工作提供一些实用的视角和思考。这本书的中文版不仅是一份知识的传递，更是一份对未来的承诺。

让我们携手前行，以开放的心态迎接每一个挑战，以坚定的步伐迈向每一个机遇。

吉利德科学公司全球副总裁兼中国区总经理

2024 年 12 月

序　三

在这个医药营销的变革时代，我们正站在成长的十字路口。作为一名在医药市场营销领域深耕多年的业内人士，我有幸见证并参与了这个行业从无序竞争到以证据驱动的积极演进。随着医药环境的不断优化，我们不仅迎来了新的机遇，更在这一过程中实现了自我超越和成长。

随着环境的演变，我们的步伐更加坚定，方向更加明确。我们以科学证据为基础，不断优化营销策略，精准地将药品送到最需要的患者手中。我们与合规同行，自然而然地将其融入我们的工作流程，致力于以更高效、更负责任的方式服务于社会和患者，持续赢得医患的信任。

在国家政策的大力推动下，中国本土创新药行业正迎来蓬勃发展的新阶段，同时也迎来了前所未有的全新挑战。从模仿创新的“me too”产品，到追求原创性和疗效优势的“first/best in class”药物，这一转变标志着我国医药产业的创新能力和竞争力正在不断提升。然而，这一进步并非没有挑战。尽管精准医疗的发展为肿瘤研究带来了新的机遇，但精准诊疗的可及性和患者数量的限制，使得企业在产品上市时面临的市场塑造以及价格压力。这种市场环境促使企业在研发过程中必须进行更为细致的商业评估，以确保产品的科学价值和商业价值得到平衡。

为了在激烈的市场竞争中脱颖而出，企业需要在研发前期就进行深入的市场洞察和前瞻性的商业评估。这不仅涉及产品的科学创新，还包括了对市场潜力、患者需求以及成本效益的全面考量。在产品生命周期管理中，从全球到本地的推广策略都需要精心策划，以确保创新药物能够获得市场的认可和合理的回报。这种策略的实施，要求企业不仅要有对市场的深刻理解，还要具备灵活应对市场变化的能力，从而在不断变化的医药市场中保持竞争力。我们需要审慎评估市场趋势、患者需求以及自身的研发实力,制定出既符合长远发展又能够应对当前挑战的战略规划。

在营销领域,我们不能仅仅局限于技术层面。我们需要有宏观的视角和战略思考,以适应行业的变化。在规范化的基础上探索个体化治疗,不仅可以提高治疗效果,也是我们赢得市场的关键。

随着中国市场环境的改善,产品国际化已成为必然趋势。中国企业需要与国际市场接轨,但这不仅仅是技术层面的接轨,更是营销理念和战略的接轨。我们需要在国际舞台上展示我们的创新和实力。

如今,我们同样面临着营销人才的挑战。作为医药营销人员,我们的任务是将正确的药品用在正确的人身上。这不仅需要我们对产品有深入的了解,还需要我们对市场有敏锐的洞察。我们需要在合规的环境下,通过合理的营销策略来证明产品的益处,同时在研发前期就考虑产品的商业价值。这需要我们具备战略思考和前瞻性的商业评估能力。然而现实却是能“讲故事”的没有“业务手感”,有“业务手感“的缺乏“讲故事”能力。这要求我们不仅要在技术上进行投入,还要在人才培养上下功夫。

在阅读 *Brand Planning for Pharmaceutical Industry* 这本书时,我深感其内容与我们当前面临的挑战和机遇高度契合。书中不仅提供了品牌规划的理论框架,还结合了丰富的案例分析,为我们在医药营销领域提供了宝贵的指导和启示。

总之,医药营销领域无疑是一个充满挑战与机遇并存的竞技场。在这个时代的巨大变革中,我们承载着智慧与温情,坚定地奔跑在医药营销的赛道上。我们追逐的不仅是速度,更注重跑步的姿态和方向。我们的目标清晰而崇高:将适宜的药品准确无误地送达每一个需要它的患者,用健康的光芒温暖每一个渴望治愈的灵魂。

我们的每一步都是对未来的坚定承诺，每一次前进都是对生命的深情赞歌。

再鼎医药大中华区首席商务官

2024年10月

前　言

不变的只有变化吗?

在过去的二十年里,我国的医药环境发生了天翻地覆的变化,也导致创新药销售金额节节攀升,销售团队、市场团队、医学团队不断扩大。

确实,随着我国经济的发展和人口的老龄化,疾病谱也在发生明显改变;随着科技的发展,创新药也在不断地增多;国家重视人民的健康,鼓励创新药研发,加速创新药进入医保,未来中国的医药健康市场还是会持续增长。

但是,在全国药品集中采购和反腐常态化的今天,在互联网化、数字化、人工智能汹涌来袭的时代,面对着纷繁复杂的变化,我们不禁感叹,不变的只有变化!

那么处方药市场不变的只有变化吗?

特别是在2024年,处方药市场的变与不变,未来的处方药该如何卖?这是每一个医药人都需要认真思考的问题。

处方药由于其专业性、支付方的特殊性以及法规道德的限制,必须由医生处方给患者。

处方药的使用者是患者,决策者是医生,而支付方可能是医保或商业保险。因此,处方药的营销和一般商品的营销有很大的区别。商学院一般的市场营销策略制定方法并不适用处方药。

我们看处方药营销中的关键步骤:高效地研发出更好地满足患者需求的药物,通过合理的价格进入医保;和医生充分沟通疾病和药物的信息与数据,在患者端树立起良好的口碑与品牌,形成传播;在商业渠道上让患者充分可及等。

如何制定一个有效的处方药市场策略和市场计划,是一个处方药成功的关键,只有掌握处方药市场策略和计划制定的规则、方法和技巧,我们才能应对外部千变万化的环境,才能更好地满足用户需求。

而处方药制定市场策略和计划的方法,是应对变化的不变法则。希望每个关心处方药营销的人都可以在这本《医药营销:处方药市场营销策略指南》中找到以不变应万变的方法。提升自己的策略思维能力和专业性,去面对未来多变的市场环境,增强自己的竞争力。

良医汇创始人、董事长

2024 年 12 月

致　谢

在本书即将付梓之际，我们要向本书主译袁泽之先生致以深深的敬意和感谢，感谢他在翻译审校过程中所提供的细致指导和慷慨支持。

我们同样对参与审译工作的各位同行表示衷心的感谢，特别要感谢（按姓氏拼音排序）代旭、杜晓静、傅杰、李颉、李想、洛涛、陆羽茜、倪旻、王海军、肖杰、信学明、徐薇、杨红霞、张慧中、赵洁、朱晶岩和朱韫凡，你们的努力和智慧对本书的审译工作至关重要。

同时，我们对赵萍女士、金方千先生和朱彤先生为本书撰写序言表示最诚挚的敬意，你们的独到见解和深邃智慧极大地丰富了本书的内容。

良医汇

目　录

0 绪论

在本章中，我们将深入探讨：

- 什么是品牌
- 产品品牌与公司品牌
- 什么是品牌营销
- 品牌营销对医药行业重要吗
- 为什么要对产品实施品牌营销
- 建立全球化品牌的方法

当下,医药行业越来越意识到打造优秀市场营销能力的重要性,但知易行难。在实际工作中,许多公司对“品牌营销”的理解仍停留在表面,尚未深入。我们翻译这本书的目的是帮助从业者更深入地理解品牌规划、品牌策略的实施以及对品牌策略效果的评估。

什么是品牌

这个问题初看似乎简单,实则复杂。为了更深入地理解它,我们不妨从业内公认的专家对品牌的定义开始探讨。

凯文·凯勒在他的《战略品牌管理》一书中引用了美国市场营销协会对品牌的定义:“品牌是一个名称、术语、标志、符号或设计,或以上所有品牌要素的组合,其目的是引导顾客识别自己,并使自己的产品与某个或一群竞争对手区别开来。”

戴维·阿克从品牌资产的角度阐述了品牌的价值。他认为品牌是与品牌名称和符号相关的一组资产(或负债),会增加(或减少)产品或服务对企业和(或)企业的客户提供的价值。

全球最大广告传播集团 WPP(WPP Group)的斯蒂芬·金将产品与品牌区分如下:产品是企业制造的实体,而品牌则是消费者心中所认可的价值。尽管产品可能被竞争对手复制,但品牌的独特性却无法被模仿。产品可能会随着时间而变得过时,但一个成功的品牌却能够跨越时代的变迁,持续闪耀,历久弥新。

P. I. Global 的创意总监兼负责人唐·威廉姆斯给出了这样的定义:“当你说出它的名字时,第一个闯入人们脑海的绝不仅仅是产品……产品让人想起了一种用途……而品牌则唤起了一种情感。”

人们往往忽略了一个关键点:品牌并非有形之物,而是存在于消费者心中的一个概念。它与产品不同,品牌是无形的,但却深深扎根于顾客的心智之中。在我看来，品牌的核心价值在于它在消费者心中的位置。品牌不是一个简单的标签，而是一个包含产品或服务战略意义的复杂体系。成功的品牌不仅具有明确的市场定位，还能激发消费者的情感共鸣。例如，大众甲壳虫汽车，它超越了交通工具的范畴，成为简约、自由和反传统精神的象征。

产品品牌与公司品牌

为了搞清楚这两个概念，首先需要了解两种主流的品牌文化，并且它们已经相互融合。第一种是来自西方的品牌文化，它侧重突出产品的品牌（以宝洁和玛氏等公司为代表）。在这种品牌文化框架下，品牌打造主要依靠市场细分，这里的关键词是目标客户和品牌定位。另外一种是来自东方的品牌文化，它更侧重突出公司的品牌，以索尼、东芝、三菱为代表。在这种品牌框架下，它通过一个且只有一个品牌名称来建立品牌信赖，传递品牌价值，公司名称被认为是品牌名称的上上之选，它主张了品牌的力量、传承和行业地位。

对于医药行业来说，企业并购几乎每天都在发生，因此我们认为品牌打造的重心应该放在产品品牌上。然而，进一步研究和用好公司品牌依然是非常必要的。我们认为公司品牌可以用于在“目标的治疗领域”建立口碑，而产品品牌可以在公司品牌的背书下，与治疗领域的其他竞争产品和（或）服务区分。

案例：

英国的 Allen and Hanbury's (GlaxoSmithKline 的子公司)是呼吸疾病领域的领导者。因此，在呼吸领域，Allen and Hanbury's 旗下的任何产品都比同类产品有优势。

还有一种情况，即不少产品品牌隐藏了公司信息，使公司仅作为一个后台支持。一般情况下,任何产品品牌都源于公司具备的技术和能力。这提示我们能够以公司能力为基础,通过基于满足客户需求形成的品牌认知来打造品牌。

什么是品牌营销

品牌营销是指以符合品牌承诺的方式传递独特的品牌价值,从而与客户建立联系。这意味着需要打破品牌的功能/功效界限,并通过品牌关键触发点聚焦,给客户日常活动提供优秀的体验。品牌关键引爆点被认为是品牌成功的关键因素。

在这个行业中,我们经常看到鲜明的品牌露出(比如:品牌名称、标志、口号和广告图案),但这些往往与品牌的承诺不一致。有些产品的知名度很高,但他们传递的相关信息却很混乱。常见的如一个新的产品适应证或一个新剂型,往往产生一条新的品牌信息。这不是品牌营销。

即使如今在公司里有关于品牌营销的讨论,也很少聚焦到品牌价值本身。讨论经常会降格到关于品牌标志、广告投放、宣传语和促销,或停留在务虚层面(即品牌是什么),无法产生任何实际有效的影响。

医药行业在品牌营销领域普遍存在一个现象:跨部门的整合工作尚未充分开展,进而直接导致了营销策略的实施效果不尽如人意。这种状况反映出医药行业在品牌营销方面仍需积累经验。

品牌营销对医药行业重要吗

关于是否需要进行品牌营销,业内人士一直都有不同的意见。

- 支持品牌营销的观点强调,品牌营销能够有效地提高产品在市场上的接受度，并保护品牌免受同类竞品的冲击。只有通过精心策划的品牌营销，才能实现品牌的持续差异化。

- 反对品牌营销的观点则认为，在这个行业，一旦专利过期，再好的品牌营销也无法抵御来自低价仿制药的替换和冲击。

本书的初衷，是希望让更多人理解，在医药行业中，建立强大的品牌是极为有力的市场竞争举措。

首先，让我们思考这个问题：如果品牌营销很重要，为什么一直被忽视？一个主要由科学家组成的行业，是明白创造价值的必要性的。然而，这个行业创造价值的方法一直是：

- 投资、研发与创新。
- 保护创新的专利。
- 竞品优劣比较研究。
- 销售代表进行产品推广。
- 市场部门为销售人员提供推广材料方面的支持。

对于市场营销，尤其是品牌营销如何创造价值，人们的认知有限，为什么会这样呢？

- 市场营销从业者大都是科学家出身，或曾经是销售人员，比较倾向于理性决策。
- 公司在执行上述方法方面做得很好。
- 传统的市场营销教科书是学习市场营销的基础，因此往往会依据“产品生命周期”来推动业务模式的选择。营销投资仅发生在产品上市之前，投资金额的多少取决于产品位于生命周期的哪个阶段。

为什么要对产品实施品牌营销

- 治疗领域逐渐挤满了各种产品。全球仿制医药市场将在未来五年内显著扩张(见图 0.1)。随着仿制医药竞争的加剧,只有品牌组合的创新,才能帮助企业摆脱这种日益激烈的竞争和定价压力。而品牌营销为竞争带来了差异化的机会。

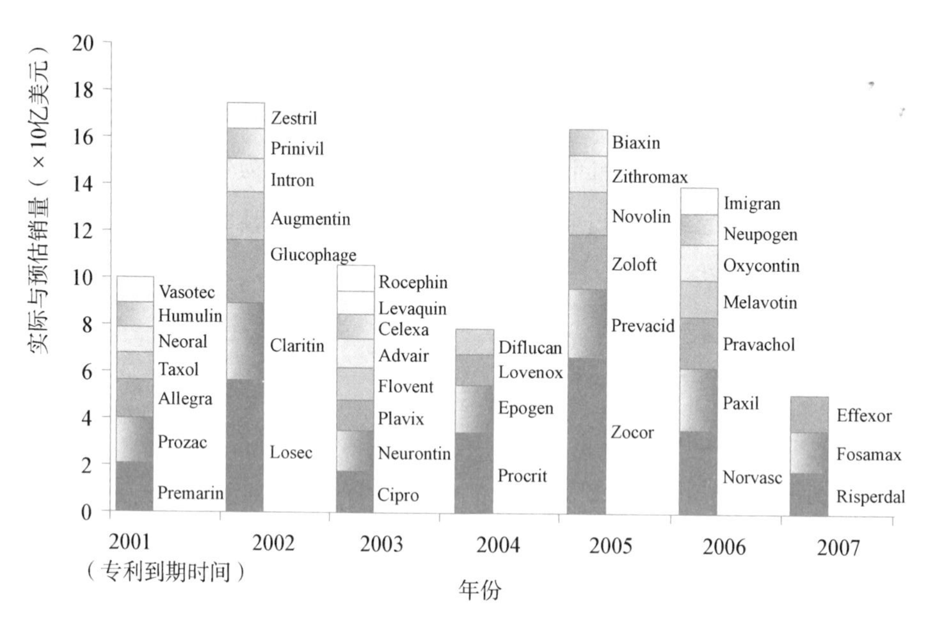

图 0.1　仿制医药与品牌药的竞争

改编自 datamonitor 的品牌和仿制医药

- 随着我们走向未来,一个核心的挑战是如何最有效地影响关键决策者的处方,或为创新的处方药买单。在这个过程中,品牌营销将会发挥作用。
- 患者越来越多地参与到处方决策中。品牌营销能使医药行业与患者进行沟通,尽管这种沟通是间接的。
- 价值创造在行业内被认为是支持溢价的推手,行业需要找到维持溢价的方法。如今,价值主要通过创新(产品和器械)、注册战略(产品适应证)和健康产出数据来创造的。品牌营销可以提供另一种机制,通过品牌营销可以创造价值。
- 在其他条件相同的情况下,品牌资产已被证明可以改变需求曲线,从而获得更高的价格和(或)市场份额(见图 0.2)。

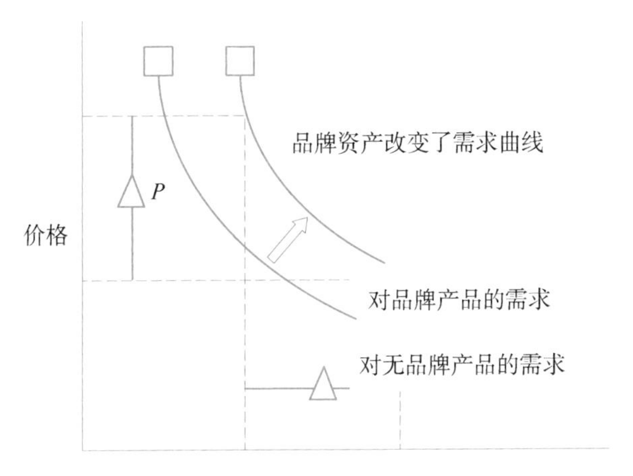

图 0.2 品牌资产右移产品需求曲线
来源于 Ericl. al mquis. Ian h. turvill 和 Kenneth J. Roberts(1998),《结合经济和形象分析的突破性品牌管理》《品牌管理杂志》

建立全球化品牌的方法

全球化品牌不是通过一个简单的规定来实现,比如规定品牌定位及其他品牌元素(如图片、标志、颜色等),并在全球范围内广泛应用。

全球化品牌营销是一种通过全球品牌战略管理实现的营销方式,它遵循全球品牌规划的流程。这一流程涵盖了高效的组织架构和严格的质量控制体系,确保品牌在营销实施过程中能够随着时间的推移持续展现其独特魅力。

在建立全球品牌的管理过程中,挑战之一是不同国家的品牌经理使用他们自己的语言、自己的模板,毫无疑问,他们也因此提出自己的战略。这使得品牌管理变得几乎不可能,结果将会导致低劣的营销,并使得品牌形象被弱化,这种情况必须避免。

我们需要建立一个全球性的品牌规划体系,有完整的规划模板和语言,同时必须确保各国的品牌经理理解和认同品牌规划体系的价值。

一个统一的品牌规划流程是在全球市场上创造协同效应并形成杠杆作用的基础。我在本书中提出的模型,将为新产品和现有产品的品牌规划流程提供一个框架(见图 0.3)。

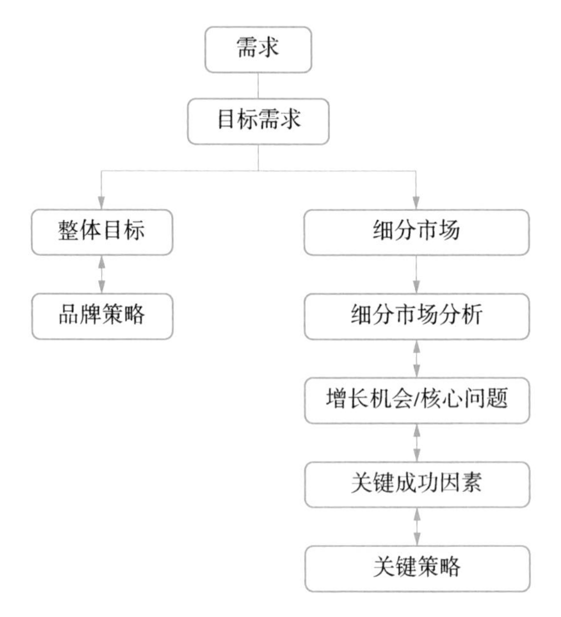

图 0.3 全球品牌策划程序

被提到的基本元素有:

- 战略分析。
- 品牌战略。
- 品牌营销计划具体说明。
- 对品牌目标的建立和达成目标措施的具体描述。

根据你的业务需求调整此通用模式,并努力实现以下目标:

- 定义良好的词汇表。
- 输入相同的战略分析。
- 完成相同的流程结构。
- 达到相同的输出结果。

现在,享受这段学习旅程吧!

1 市场细分

在本章中，我们将深入探讨：

- 市场细分的定义与重要性
- 细分方法在品牌规划中的应用
- 如何细分市场以达到品牌规划的目的
- 市场研究指导策略
- 常见问题与解答
- 提升市场细分技能的实践活动
- 本章所用术语定义
- 推荐阅读材料
- 编者按

市场细分的定义与重要性

如果你正在考虑推出一个新的产品品牌,那么市场细分就是你的出发点。所以,什么是市场细分呢?

让我们从“细分”这个术语开始阐述。

细分意味着深入理解。为了有效地开展营销活动,我们必须深入了解我们的消费者以及他们的需求。消费者是指那些购买药品、已经患病或存在患病风险的人群,他们正是制药行业提供药品服务的对象。而患者家庭成员、医生、医疗费用支付者、护士和其他医疗保健专业人员可能会影响甚至决定“消费者”所接受的产品。在这本书中,我将后者与前者(消费者)区分开来,把他们称为客户。

市场细分是将你的“潜在消费者”进行分组,对医生来说,这种分组方式可以为医生推荐一系列不同的产品提供理由。这是把今天或未来某个时刻可能从你的产品中受益的人分成具有相似或相关临床及情感需求群体的过程。那些不太可能从你的产品中受益的人被分成单独的部分,这部分人的数量取决于他们对需求的不同程度。需要被考虑的是那些可能直接或间接影响“产品选择”的临床和情感需求。

每个细分市场的“需求集”或多或少受到患者实际需求、支付者需求等因素的影响。根据市场情况,影响程度有所不同。

细分方法在品牌规划中的应用

品牌规划需要超出对影响品牌选择的理性因素的认知。

在传统的营销规划中,我们会止步于认为功效是细分市场的一个驱动因素，而安全性则是另一个驱动因素。我们通常会瞄准多个细分市场。品牌规划的理念仅针对一个“细分市场”（或需求状态）。这个“细分市场”是基于需求来划分的，且多种类型的患者均存在此需求。因此，在品牌规划进程中，需要更深入地探索“功效”的含义——在不同的情况下，它的含义可能会发生怎样的变化。这么做的目的是理解“功效”的概念，以及其能为医生实现什么目的。在寻求“为什么”和“这意味着什么”的答案时，你将对影响决策的因素有更充分的理解，从而使你用更贴切的方式思考市场，并依靠这种方法建立你的品牌。

这种方法基于一种理论，即医生有治疗目标。他们致力于实现这些目标，并选择不同的方式来达成目标，这形成了一个层次价值图，如图 1.1 和 1.2 所示。

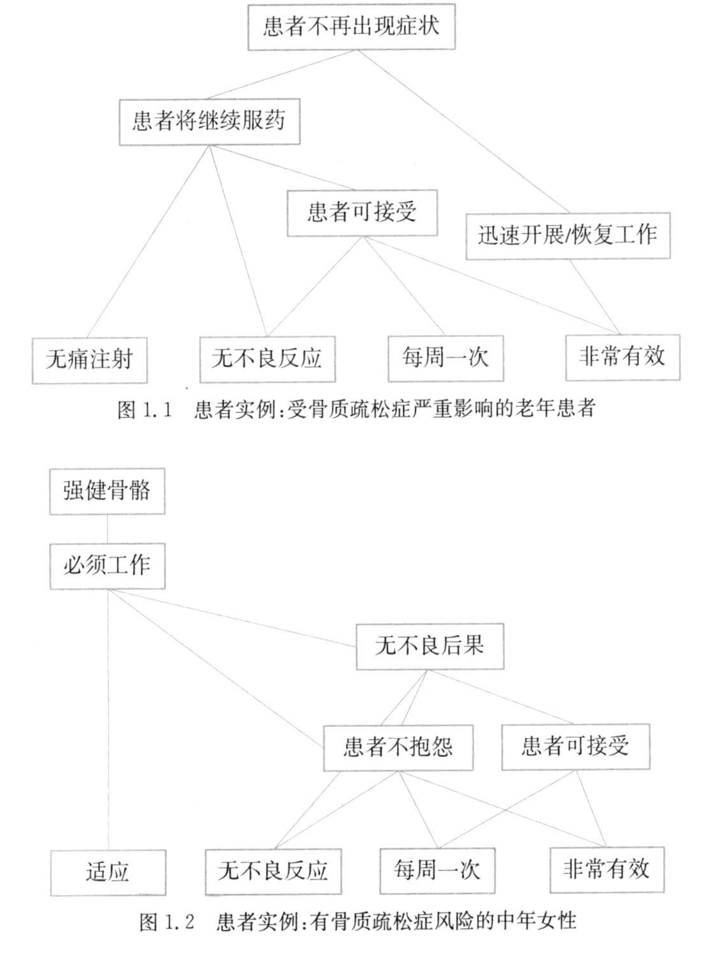

图 1.1 患者实例：受骨质疏松症严重影响的老年患者

图 1.2 患者实例：有骨质疏松症风险的中年女性

如何细分市场以达到品牌规划的目的

首先,确定你的市场:

例如:

“帮助遭受病痛的人”

而不是

“止痛药市场”

创建一些患者档案来划分可能出现在医生面前的人的类别,患者档案的概念见表 1.1。理想情况下,如何定义患者取决于不同的医生。

表 1.1 骨质疏松症市场中的患者特点示例

分析标准	患者概况 1	患者概况 2	患者概况 3	患者概况 4
年龄	70	70	70	70
性别	女性	女性	男性	女性
健康状况	总体良好	总体良好	有并发症	总体良好
是否骨折	否	否	否	否

与医生讨论这些患者档案(如果你在市场上有很多经验,也可以在内部进行讨论)。探寻这些患者正在或可能试图实现/完成的目标。接下来,探寻医生认为在为每种患者开处方时极为重要的产品属性(或产品维度)。最重要的是要记住,讨论的目标是让受访者列出相关的患者属性(而不是由你来制定列表)。

赋予你的新客户上述的产品特性,确定他们是否有其他的观点,并且这些观点是否有添加至已确定的属性列表中的必要性。

当确定了令人满意的维度数量后,基于患者的资料背景,邀请受访者对每个维度的相对重要性进行评分，并确定在下一阶段的访谈将被使用的最重要的维度。

现在，提出一系列问题。从产品的其中一个重要属性开始，如："为什么这个产品特点对你很重要?"通常，答案会涉及该属性的某些结果。接着，再次问同样的问题，有时也可换个说法，例如："这个产品特点能让你做什么?达到什么目的?"直到对方无法再回答这个问题，持续尝试理解问题的答案，如"为何这个产品特点如此重要"以及"那又怎样"等，这些问题在这类调查中非常有力。

将每个受访者的答案总结为一个阶梯图(见图1.3)。寻找调研中出现的共同主题。将主题与患者特征联系起来。利用这些共同主题来制定市场细分计划(即需求状态)。

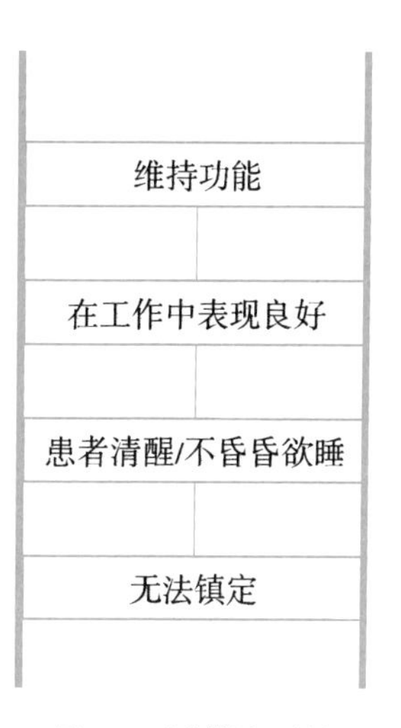

图1.3 "阶梯图"示例

针对每个需求状态，你需要为该细分市场制定一个标签，以描述该类患者特征以及一系列临床与情感需求(见表1.2)。这种需求需要在临床和情感需求之间取得平衡。只有通过对临床和情感需求的了解，才能助力我们深入了解客户。这种深入了解有很多好处——稍后可以将其纳入外部分析中，以代表一个机会或/并将其作为制定品牌战略的基础。

表 1.2 骨质疏松市场分析总结

加强	保护	缓解症状
临床需求	临床需求	临床需求
维持骨骼质量	尽量减少骨质和骨量的丢失	缓解速度
改善骨皮质厚度	耐受性良好	耐受性良好
改善骨密度	安全	可以按需服用

(续表)

加强	保护	缓解症状
情感需求	情感需求	情感需求
患者需要坦诚的沟通	患者有失落感	患者觉得无奈,被打败
医生权威且保持乐观	医生意识到骨质丢失的必然性	医生感到同情
需求状态	需求状态	需求状态
可能是一个年轻的患者,这个患者被诊断出有骨质疏松的风险。他们可能刚出现骨质疏松的症状。	这个患者被诊断为骨质疏松,虽然可能还没有骨折,但患者及其家属感受到"避免可能导致骨折的情况"的压力	在这个患者身上,病情已经发展到治疗"残疾"成为其首要目标。患者在很大程度上依赖于护理人员的支持
患者担心自己病情的影响。减轻对未来的恐惧并保持对未来的乐观态度是主要目标。临床的首要任务是尽早干预以纠正问题	临床的首要任务是尽可能长时间地保持现有的骨骼质量,"将患者骨折的风险降至最低"	临床优先考虑的是尽可能让患者减少痛苦,感到舒适

最终,你需要决定以哪个需求状态为核心目标。这一目标需求状态和相关的患者细分构成了所有进一步分析的背景。

市场研究指导策略

关键的一点是,细分市场(需求状态)并不是显而易见的。因此,在进行市场调研时,要确保以下几点:

- 从医生的角度审视你的潜在市场(即消费者)。
- 定性研究优先于任何定量研究。
- 定性研究的讨论侧重于"为什么"和"那又怎样"。
- 所使用的调研技术将揭示所提出问题的理性和情感答案。
- 从调研结果中推断市场细分过程的诀窍在于仔细解读。需要考虑的角度有很多,但首要的是,除了对不同人群寻求的"理性和情感利益"

的理解外，还应包括“情境因素”。换句话说，你必须将人们寻求的利益与患者本身，即患者画像联系起来，同时也要与他们何时以及如何获得药品处方联系起来。

需要注意的是，在分析数据时，你必须确定这些益处是否相互关联。永远不要把关联的利益分开。

常见问题与解答

- 我们真正感兴趣的是，这是谁的实际需求？是患者的还是医生的？我们应关注医生试图为患者做什么。了解为什么治疗目标会因人而异，以及治疗目标对临床和情感需求的影响。你不能让医生去猜测患者的需求。
- 我们是否可以使用获批的适应证作为市场细分的基础？答案是否！这可能是市场营销人员最常犯的错误之一。适应证并没有说明医生的治疗目标以及他们试图为患者做什么。
- 我们进行了一项非常有洞察性的医生细分调研。能否将其作为分析和定位决策的基础？答案是否！医生细分不是市场细分。我经常遇到的一个基础性错误，即医生被细分，但患者却未被细分。了解医生在不同的情况下对患者的态度将有助于制定市场细分。对医生群体分类研究（或客户细分）很重要，但其在制药市场中的效用是在整个过程的后期，目的是：
  - 制定品牌战略。
  - 确定什么样的品牌触发因素对成功至关重要。
  - 确定并执行沟通策略。
- 我们已进行了一次昂贵的定量调研，从而了解驱使患者来就医的原因，或者他们离开的原因——是否可以将其作为我们市场细分的基础? 答案是否! 不能仅靠这个因素作为市场细分的基础。在能够“细分”之前,我们需要从不同人的角度了解更多信息。

- 我们花了很多钱购买销售和处方数据——能用它来帮助我们细分市场吗? 答案是否! 产品细分不是市场细分。总是存在使用大型数据公司[例如国际医疗统计公司(IMS)]提供的数据框架的诱惑,但这些数据的作用有很大的局限性,无法说明患者的真实情况,也无法说明医生在治疗不同患者时所经历的临床和情感需求。
- 我们能否请市场研究机构就如何细分市场给出建议? 市场细分的解决方案需要从你收集到的关于医生如何治疗患者的见解中推断出来。解决方案应切实可行。也就是说,你应该根据每个人群的详细需求来考虑产品供应。我的建议是,市场营销团队应当与他们各自的调研机构合作,从而制定细分解决方案,而不是直接将其作为既成事实移交给营销团队。
- 我们应该多久后重新考虑如何细分市场? 这种市场细分方法最重要的一点是,它可以作为建立品牌的基础,也可以成为建立市场理解的基础。通常情况下,人们不会期望重新定义市场细分框架,直到你已经用尽了品牌的每一个机会,并决定唯一的前进道路是重新定位品牌。或者,如果有一个重大事件真的质疑你的品牌战略的可行性,那么你可以重新考虑细分方法。

提升市场细分技能的实践活动

在你的朋友和(或)家人中选择 5 个人,选择一个与这些人都相关的产品类别。从非医药类的产品开始。

采访流程:

- 为每个受访者形成档案(即年龄、生活阶段等)。

- 让他们列出影响他们决定购买某类别产品的属性，列出 6～8 个产品特点。
- 请他们对最重要的 3～4 个产品特点进行排名。
- 逐个询问问题："为什么这很重要？它能让你实现什么目标？"不停地追问"为什么"，直到对方回答"我不知道"。
- 为每个受访者制作一个阶梯图。
- 寻找共同点——该共同点的特征是什么？其需求状态可能是什么？制定一个细分解决方案。
- 接下来考虑该类别中的品牌——你如何定义每个需求状态中的竞争优势（基于你对不同品牌的了解和感觉）？它会因需求状态而改变吗？如果是，你就有了合理的细分。

本章所用术语定义

- 市场定义：对你的产品或服务基于人范围的描述，而不是基于产品。
- 市场细分：通过为一系列不同产品寻找推荐理由——也就是开发"需求状态"，从而将潜在消费者分组的过程。
- 需求：医生的治疗目标。

推荐阅读材料

- Croft, Michael J. (1994) Marketing for Managers: Market Segmentation, London: Routledge.
- Dibb, S. & Simkin, L. (1996) The Market Segmentation Workbook: Target Marketing for Marketing Managers. London:

Routledge.

- McDonald, M. & Dunbar, I. (1995) Market Segmentation: A step-by-step approach to creating profitable market segments, Hampshire: Macmillan Press Ltd.

编者按

在当今中国医药市场的迅猛发展中，市场细分的重要性愈发凸显。患者群体的庞大与需求的多样性，要求我们不能仅仅依赖于传统的市场划分方法，而应深入挖掘不同患者群体的临床及情感需求，以此为基础，制定更为精准的品牌策略。

我非常认同一个观点："市场细分对于医药品牌规划至关重要。"在中国，患者数量庞大且需求多样，仅凭简单的市场划分无法满足复杂的市场需求。通过市场细分，我们可以精准定位不同的患者群体，深入了解他们的临床和情感需求，从而制定更有效的品牌策略。例如，针对晚期癌症患者，强调药物的疗效和不良反应控制；而对于早期癌症患者，则更关注药物的预防和早期干预作用。

随着中国医药市场的快速增长，患者对高效、安全、创新药物的需求日益强烈。市场细分使企业能够识别并响应不同患者群体的需求差异，推出更具针对性的产品，从而提升市场占有率。同时，通过与医生和患者的深入互动，企业可以更好地了解他们对药物的期望和反馈，进一步优化产品和服务，提高患者满意度。

总之，在中国医药市场，科学的市场细分能帮助企业精准定位目标群体，制定有效的品牌策略，提升市场竞争力，推动品牌持续发展。让我们以市场细分为工具，开启中国处方药市场的全新篇章，为患者提供更精准的治疗方案，为企业赢得更广阔的市场空间。

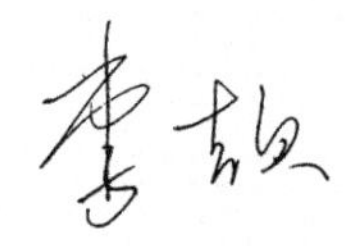

2 起点：外部分析

在本章中，我们将深入探讨：

- 外部分析是什么
- 进行外部分析后，我们将获得哪些成果
- 外部分析的核心要素包括哪些
- 如何有效地开展外部分析
- 市场研究指导策略
- 常见问题与解答
- 检验外部分析技能的实践活动
- 本章所用术语定义
- 推荐阅读材料
- 编者按

外部分析是什么

在制定新产品的品牌策略时,首要问题通常是:“我们目前处于何种阶段?”通过分析外部和内部环境,我们能够对此有所了解。本书将对外部环境的研究过程称为外部分析。外部分析应包括宏观环境(各种不同环境因素的综合作用)和微观环境(细分市场、客户和竞争对手)。在本章中,我将推荐一些分析工具,并认为它们在构建对外部环境的理解中发挥了重要作用。这些分析工具将在“外部分析的核心要素包括哪些”中进行更详细的描述,并重点讨论“如何有效地开展外部分析”。

进行外部分析后,我们将获得哪些成果

完成外部分析后,你将了解每个细分患者群体(亚组)的规模和每个细分患者群体的价值,以及在计划完成时的预计数值。

除此之外,你还将了解每个患者细分市场的盈利能力,特别是存在的机会以及潜在威胁。

外部分析的核心要素包括哪些

患者流分析

患者流分析是如何进行的?根据治疗领域的不同,患者的流动路径可能会有所不同。本质上,我们关注的是如何确定患者从出现症状到接受药物治疗的关键决策点。图 2.1 展示了持续性哮喘的患者流

示例,这与之前有心肌梗死的慢性心力衰竭的患者流(见图 2.2)形成对比。

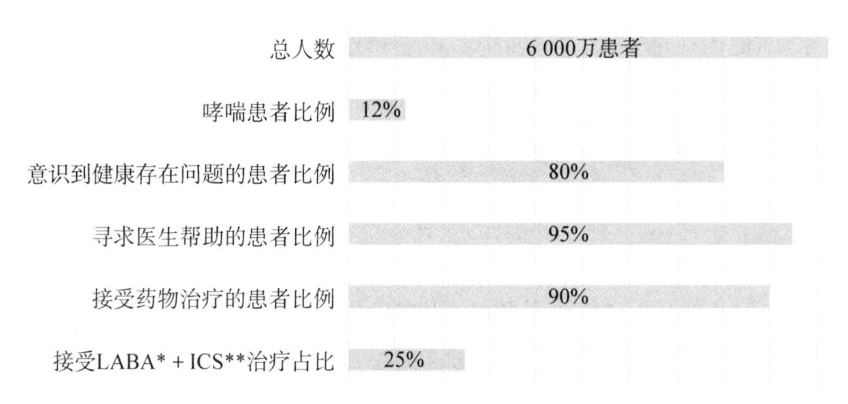

* LABA(长效 β 受体激动剂)

** ICS(吸入性糖皮质类固醇抑制剂)

图 2.1 持续性哮喘的患者流概念图

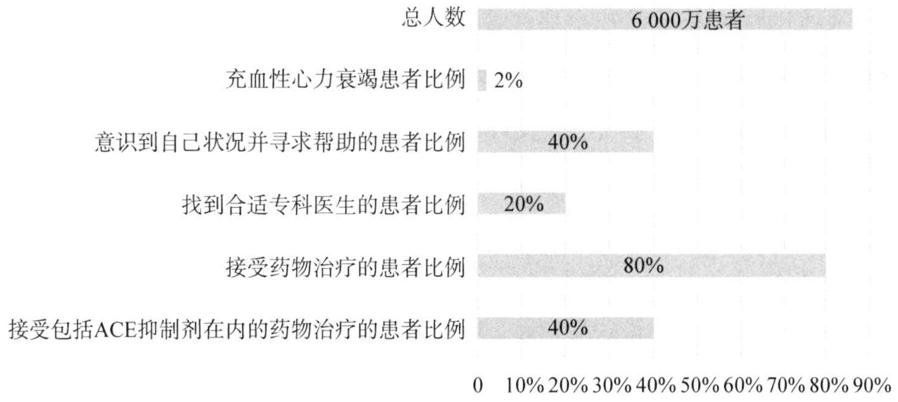

总人数 6 000万患者

充血性心力衰竭患者比例 2%

意识到自己状况并寻求帮助的患者比例 40%

找到合适专科医生的患者比例 20%

接受药物治疗的患者比例 80%

接受包括ACE抑制剂在内的药物治疗的患者比例 40%

0 10% 20% 30% 40% 50% 60% 70% 80% 90%

图 2.2 之前有心肌梗死的慢性心力衰竭的患者流概念图

如果患者流考虑足够全面,那么对于与目标需求状态相关的每个患者细分群体,都将了解患者“正在发生什么”,以及为什么会发生这种情况。

竞品分析

基于进行分析的方式,当涉及竞争时,我们需要确定哪些处方药会在患者流底层与你的产品产生竞争关系。你需要了解他们在这个决策点上的表现,即他们在潜在患者群体中所占的份额及在市场价值中的份额。

如果间接竞品满足了未被满足的需求,他们将被视为潜在的威胁,并需要对其加以关注。而当开展"实际市场评估"时,他们将不被包括在内。

关键趋势分析

此类分析亦是非常有必要的,以此来确保未来制定的任何战略都是基于当前市场的形态和特征,以及未来可能发生的变化。通常只有在确信你对市场有了足够的了解之后,才会形成关键趋势分析。

在对未来的解读中,思想、辩论和讨论的质量非常重要,这使得这种分析具有价值。

在考虑未来时,可能会有很多不同之处,也可能有相当数量的相似之处。我们面临的挑战是找出那些将显著改变未来市场形态或性质的因素。侧重点应当为将会发生的事件,这些事件与指定的战略本身无关。

未来是没有既定事实的。仅可认为某一件事:(a)将来有极大的可能会发生,以及(b)该事件对每个细分市场存在影响。遵循这些原则的事件被称为关键趋势。在某些情况下,事件本身或事件的含义很可能被一定程度的不确定性所包围——这些事件被称为关键不确定性。

商业战略是在这些关键趋势和关键不确定性,以及其所带来的机会和威胁的背景下制定的。

- 结果不确定但具有重大潜在影响的事件(关键不确定性),可用于测试战略的可行性。也就是说,如果这些结果中的一个或多个发生,该市场策略是否还值得投资?这被称为风险评估(见图 2.3)。
- 使用关键不确定性的另一种方式是考虑不同的市场情景。从而根据不同的市场情景制定战略。也就是说,关键的不确定性被用来制定一

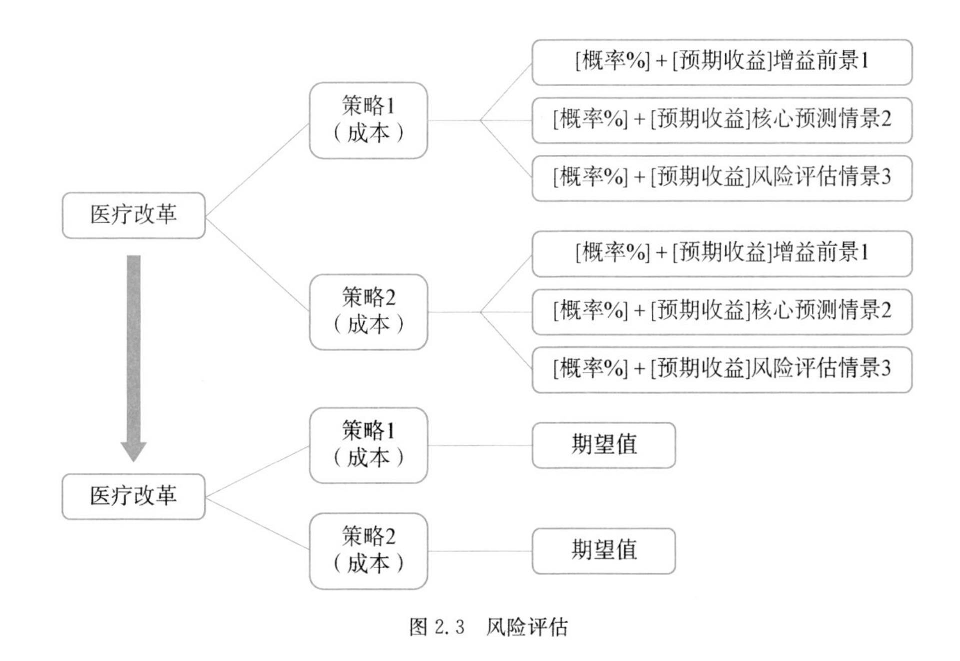

图 2.3 风险评估

个情景,然后该情景形成了制定战略的背景。

如何有效地开展外部分析

应当围绕相关的患者细分和患者流构建外部分析。

1. 建立一个患者流结构,这种结构需要适用于每个细分市场。这要求你了解从病情出现征兆到患者接受治疗的每一个影响患者情况的重要决策领域。

2. 基于流行病学的预测模型来构建患者流。以下问题助力进行思考与构建:

- 人们是否意识到自己的身体出现问题?
- 他们会去医院就诊吗?
- 他们的病情容易被识别吗?
- 他们是否接受药物治疗?

- 他们是否接受了“合适的”药物治疗?

3. 首要挑战是辨别在这个过程中患者在哪里“流失”(即是否有市场扩张的潜力,如果有,这种潜力在哪里,有多大?)记录下你的结论。请注意,多数人采取“保留率”的概念——即有多少患者从上一个决策阶段流向下一个决策阶段,并通过百分比的形式记录(见表 2.1)。

表 2.1　患者流量分析结构

决策领域	留存百分比	实际数量	洞见
患者意识到自己存在健康问题的百分比			
患者成功接触到保健医生的百分比			
患者被正确诊断出其健康状况的百分比			
患者获得匹配病情药物治疗的百分比			

4. 当处于“最后决定阶段”,你需要确定谁是你的竞争对手,以及谁是相关的竞争对手,应该包括多少人,应该考虑哪些问题。回答这些问题的最佳方式是与你的客户深入交流。

- 向第一组客户描述患者的细分情况,询问他们在每个患者群体中最常使用的产品。
- 向第二组客户提供产品列表,并询问他们在每个患者群体中使用该产品的可能性。
- 根据对每个细分市场的感知适当性,将产品分配给患者细分市场。

5. 一旦你列出了在每个患者细分市场的竞争对手,就需要收集这些产品的销售数据。如果产品被用于多个细分市场,则需要将这些数据分配到相关细分市场,以便确定每个细分市场的价值(见表 2.2)。

表 2.2 不同患者群体的价值

品牌列表(总价值)	细分市场 1	细分市场 2	细分市场 3
品牌 A(1亿美元)	8千万美元	1千万美元	1千万美元
品牌 B(5亿美元)		5亿美元	
品牌 C(8亿美元)		7亿美元	1亿美元
品牌 D(9亿美元)	1亿美元	2亿美元	6亿美元

注意:很少人(或者说一小部分人)达到决策点,并不一定表明存在障碍——这可能是因为有未满足的需求(因此这是机会点)。

6. 下一个挑战是获得洞见。检查每一个决策点,然后问自己:

- “对这个决策点上正在发生的事情是否有深刻的见解,这代表着更多的潜在价值? 如果有,是什么?”这些将被认为是机会。
- “我们是否了解在这个决策点上正在发生的可能被视为潜在障碍的事情? 如果有,是什么障碍?”这些将被认为是威胁。

例如:在万艾可(Viagra,俗称“伟哥”)上市之前,接受处方药治疗勃起功能障碍的人数可能很少。这是因为患者对“可接受的解决方案”的需求尚未得到满足,而这正是机会之一。

这些机会和威胁是从市场调研与分析中推断出来的(并且应该得到事实支持)。注意,对于关键决策点相关的机会和威胁的洞察不会仅来自一次市场调查研究,而是随着时间的推移,经过多年的积累而产生的。

总的来说,对于每个细分市场,需要你了解正在发生的事情(即在患者数量或市场行为方面)以及为什么其正在发生(市场认知和洞察力)。

将洞察解读为机会和威胁。机会和威胁将因细分市场而异,并将描述当今的市场形势。表 2.3 和表 2.4 显示了一些机会和威胁分类的确定原则。

表 2.3 确定市场机会的原则

机会是	机会不是
任何超出你直接控制范围的因素,它们为“开拓市场潜力”提供了入口	处于你控制之下的因素
你和(或)你的竞争对手能够利用以进入市场的因素	属于你独有的资源或优势
当前存在或近期可能出现的机会	你需要创造或实施的策略或行动

表 2.4 确定市场威胁的原则

威胁是	威胁不是
任何不在你的直接控制之下,且构成你和你的竞争对手进入市场的障碍因素	任何降低市场潜力的因素,例如减少潜在患者的数量或降低现有患者的价值
任何处于你控制之下的因素	任何仅对你产生影响的因素
任何当前存在或在近期可能出现的机会或挑战	

现在,列一张未来事件的清单。在第一个例子中,需要包括任何可能在确定的计划时间轴内影响市场的事情(通常对于当地运营公司的需要规划3～5年,对于中央产品战略团队需要规划5年以上)。

根据以下标准评估这些事件:(a)它们发生的可能性,以及(b)它们可能对市场产生的影响(无论是积极的还是消极的),并假设它们会发生(见表2.5)。剩下的候选名单将包括关键趋势和关键不确定性的混合(见表2.6)。

表 2.5 关键趋势和关键不确定性的优先顺序

事件	可能性	影响	关键趋势	关键不确定性
事件 1	高	高	√	×
事件 2	中	高	×	√
事件 3	中	中	×	×
事件 4(等)	低	中	×	×

表 2.6 关键趋势和关键不确定性示例

关键趋势	关键不确定性
竞争性技术突破(例如吸入性胰岛素)	新产品审批延迟
新产品推出	竞争公司发动价格战
新的疾病治疗指南的引入	贸易壁垒的降低
疾病认知度的提高	患者对其疾病和治疗方案的选择更为了解
专利产品过期	新诊断技术的发明
政府监督更为严格等	

- “关键趋势”是指你相当确定未来会发生的事件,其市场影响是巨大的。
- “关键不确定性”是指可能发生的事件。如果真的发生了,它将对一个或多个患者群体产生重大影响。或者,它可能包括一个你确信会发生的事件,但不确定它会如何影响市场,特别是不同的患者群体。

一旦有了一个关键趋势和关键不确定性的候选名单,将其纳入你对未来的思考中,并考虑这些事件可能对每个患者群体产生的影响。首先,你需要决定这一趋势是否可能影响市场规模(即患者数量或患者机会)、任何一名患者的平均治疗价值,或帮助一个或多个品牌争夺市场份额。如果你有一个会影响市场规模(即患者或患者机会)的事件,请决定主要影响将发生在患者流的哪个点。

如果你正在使用患者流数据来进行预测,那么应当确定市场何时会受到影响,以及可能增长(或下降)的百分比。

对于所有关键的趋势和不确定因素,需将其解读为机遇、威胁或没有影响。针对每个患者细分组别重复上述步骤,记住你这样解释的原因。你会发现,你经常会忘记你或你的团队为什么对未来持某种观点(见表 2.7)。

表 2.7 关键趋势和关键不确定性分析示例

关键趋势	对所需投资水平的影响	对细分市场价值的影响	对细分市场规模潜力的影响
1.		机会(增加客户的支付意愿)	
2.	没有影响		
3.			潜在威胁(减少获得适当药物的患者人数)
关键不确定性			
1.			机会(增加寻求治疗的患者数量)
2.	潜在风险(增加对额外人力资源的需求)		

针对每一个患者细分组别都需要重复以上步骤。

案例:

市场考虑引进一种新的治疗骨质疏松症的药物。这可能意味着更多有骨质疏松风险的女性会寻求治疗机会,因为人们对"谁有骨质疏松风险"有了更高的认知。这个市场的所有参与者都将把这视为一个未来的机会点。因为相当一部分有骨质疏松风险的人,甚至是患有骨质疏松的人,都不会去咨询医生,所以这一事件很可能对所有细分市场产生同等影响。

现在思考一下,排名前十的制药公司之一将引入一种新的社区抗生素。假设这家公司有很多产品的专利已经到期,这将是它在接下来的几年里推出的唯一一款新产品。这将被认为是对任何涉及社区感染患者的细分市场的重大威胁,因为它会假设公司现有的资源(例如,销售人员、营销支出等)将会被应用于确保这种新抗生素快速进入市场。为了捍卫自己的份额,其他参与者需要增加投资——这揭示了为什么它是一种威胁,但它不太可能影响到涉及住院患者的细分市场。

将这些机会和威胁添加到你已经描述的每个细分市场的机会和威胁

中。现在你已经完成了外部分析,你能够解释每个细分市场当前的价值和规模,并预测其未来价值和规模,以及你在每个细分市场中的竞争环境。

市场研究指导策略

首先,要牢记的是,一个洞察的好坏取决于它的诠释。你所做的调研可能不会产生一个明确且单一的信息。你学到的很多东西都有不同的解释,而这些解释可能都是合理的。你所面临的挑战是要抵制住那种只抓住一条信息,而忽略其他可能相互矛盾的信息的"顿悟"冲动。保持开放的心态,从多个不同的角度考虑信息,并尝试理解你所听到或看到的全部内容,这一点很重要。你越开放,就越能把你的观察和你的业务联系起来。

了解客户是至关重要的。了解是一个主动的过程。这并不意味着仅仅使用"市场调研"作为唯一的信息来源。有必要避免简单地假设理解随着可用数据量的增加而增加的陷阱。医药营销行业尤其存在这种情况(仅代表个人观点),即试图通过数据了解市场。了解并不仅是关乎数据但首先关乎数据的"诠释"。要理解某事,就要解释它是如何发生的。这涉及对未来发生的事情做出相应的预测,但"解释"并不只局限于"预测"。

在寻找解释的过程中,最重要的是要意识到,解释永远不在数据中,而是与数据分开的。预测的唯一方法就是有一个解释,仅凭数据进行预测在逻辑上是不合理的。

那么,解释从何而来呢?如果不是来自数据,会来自哪里?解释来自创造力,解释是搞清楚市场上正在发生事件的创造性行为。这种创造力可能会受到数据的启发,通过观察数据的模式,直到一个人对正在发生的事情有了一个概念。它也可能来自其他的创造性冲动,包括经验和直觉。最关键的是要有一个解释。

那么数据的作用是什么呢?就是增加你对自己持有的解释的信心,或者是挑战自己持有的解释,鼓励自己去寻找更好的解释。数据是批判一个解释最有力的方式。

最重要的是,理解市场是最难实现的。它包括试图解释人们为什么要做他们所做的事情。理解并解释任何事情都很困难,但解释人们的行为就更难了,尤其是当一个人面对数据没有解释的能力和意愿时。因此数据随后对解释提出了严格的考验。如果一种解释经受住了检验,它就会被接受,但没有被证明。如果一个解释失败了,我们必须创造一个更好的解释并对其进行测试,这样解释才能随着时间的推移而进化。这种方法不仅产生营销调研,还应该产生相应知识。

常见问题与解答

- **什么是洞察力?** 洞察力是对市场的理解,让你“惊叹”。它是一种突然让市场行为变得有意义的能力。它通常与更好地理解驱动行为的态度和信念有关。
- **如何知道这种洞察力代表的是机会还是威胁?** 参考本章前面提供的指导方针,了解什么是机会,什么是威胁。基本上,如果你觉得需要克服一些事情,改变一些关于外部环境的事情,或者保护自己免受一些事情的影响,那么它很可能是一个威胁。
- **机会和威胁的正确分类是否重要?** 在我看来是的。对机会的投资会带来市场份额的增加。对威胁的投资可能意味着市场开发(这可能导致销售增加,但市场份额则只是保持),或市场扩张(同样是销售增加,但不一定影响你的市场份额)。

特别重要的一点是,每个外部因素都需被记录为机会或威胁,而不是优势或劣势。除非这是你特别想投资的东西,否则可能不值得花太多时间去争论外部因素最终会出现在垂直线的哪一边。也就是说,不要花费不必要的精力去争论它到底是机会还是威胁。

- **我们为什么要关心某件事是未来趋势还是已经存在?** 在你开始考虑未来可能发生的变化之前,培养你对患者细分市场现状的理解是重点。因为你需要将任何关于未来的观点覆盖到今天的现实中,不能孤立地考虑未来的变化。同样,当你做市场预测时,通常会借鉴潜在的历史趋势,然后再叠加你对事件的假设,从而调整市场潜在趋势。
- **为什么需要考虑对每个患者群体的影响?** 在规划新产品时,你试图从患者数量、价值和未来增长(或可能下降)来了解每个患者细分市场的"未来商业吸引力"。同时你应当了解在每个患者细分市场中实现产品潜力的"可行性"。如果你不从细分层面考虑未来事件的影响,你可能会错过一些有待发现的见解。

检验外部分析技能的实践活动

回顾一下你写过的计划,或者一个同事写过的办公系统上存在的计划。找到总结 SWOT 分析的页面,专注于 SWOT 分析的 OT 部分。是否有证据表明计划的作者意识到市场不同部分的机会和威胁可能是不同的?如何对其进行描述?如果是现在的你,你会怎么做呢?

问自己以下问题:我会以不同的方式理解这些内容吗?是否所有被描述为机会的东西都是"真正的机会"?修改机会概要。问问自己,机会是否会从患者流量分析或关键趋势分析中出现。

对于那些由于关键趋势分析而出现的机会,它们是否会影响未来的市场规模?如果是,看看对未来市场的预测是否已经根据关键趋势进行了调整(即寻找思维的一致性)。

现在看威胁方面。用同样的方法评估这些威胁——它们都是你认为的威胁吗?

本章所用术语定义

- **竞争**:包括任何提供或将有能力提供满足客户需求的产品/服务或解决方案的公司。
- **竞争对手分析**:确定每个患者细分市场的相对优势和劣势。
- **公司应对机遇和威胁的能力**:产品满足患者治疗需求的能力与相关竞争产品的对比。
- **关键不确定性**:那些对市场未来形态性质的影响被认为是“高”的趋势和(或)变化,但它们发生的可能性是“低”或“中等”。
- **决策阶段**:决定患者会发生什么的关键步骤——他们是否进入医疗保健系统,以及他们进入系统后会发生什么。
- **未来市场评估**:系统地评估外部环境的过程,并且在此过程中,预测和规划(被认为)将对市场产生重大影响的变化。这将包含一组关于趋势的假设,以及它们将如何影响未来。首字母缩略词“PESTLE”指导对可能影响市场存在的整体环境的潜在变化的分析:
    - 政治因素(Political)。
    - 经济因素(Economic)。
    - 社会/文化因素(Social)。
    - 技术/工艺的局限性(Technological)。
    - 法律/政府监管因素(Legal)。
    - 环境因素(Environmental)。
- “五种力量”(又称波特模型)指导对市场中可能发生的潜在变化的分析:

   - 新进入者的竞争能力。
   - 替代品的替代能力。
   - 顾客的议价能力。
   - 供应商的议价能力。
   - 互补方的杠杆作用。
- 洞察:描述支撑市场行为的关键原因。
- 关键趋势:那些被认为对未来市场形态或性质的影响被认为是很大的趋势/市场因素,且它们发生的可能性也很高。
- 市场分析:市场分析可以帮助你理解当前市场上存在的机遇和威胁。其目的是确定每个细分市场的实际规模,每个细分市场的潜在规模,以及潜在市场和实际市场中存在的机会与阻碍。
- 市场研究:用于识别和定义营销机会和挑战的信息;生成并完善营销行为;监控营销绩效,并提高对营销作为一个过程的认识。
- 市场价值:在给定市场中竞争产品的总销售价值。
- 市场数量:在给定市场中"可用"患者或患者机会的总数。
- 机会:使潜力更有可能实现的环境条件。机会包括可能对市场产生积极影响的趋势,因为它们将增加或促进进入市场的机会。机会独立于公司是否有能力抓住/实现它。
- 患者流量:这是一种思维模式,用于评估市场,以确定导致"真正的"患者潜力与市场实际规模之间存在差距的战略问题。
- 潜力:如果能够从治疗方法中受益的所有人都能获得治疗,那么在市场上可能实现的业务量。
- 威胁:环境中没有吸引力的一种状况,因为它可能对市场产生破坏性影响。它可能会降低市场潜力,也可能会关闭机会之窗——不管公司是否有能力应对这种情况。
- 趋势:识别或预测随时间变化的模式。

推荐阅读材料

- Dogramatzis, Dimitris (2001) Pharmaceutical Marketing: A practical guide, Denver, Colorado: IHS Health Group.
- Fifield, P. (1999) Marketing Strategy. Second Edition, Oxford: Butterworth-Heinemann.
- Kotler, P. (1988) Marketing Management: Analysis, Planning, Implementation and Control (6th edition), New Jersey, USA: Prentice-Hall International.

编者按

在市场的品牌战略制定中，外部分析扮演着至关重要的角色。 它不仅涉及对宏观和微观环境的深入理解，更是企业准确把握市场现状、预测未来趋势，并据此制定符合市场需求的品牌战略的基础。

在中国医药市场，患者流分析尤为重要。 由于某些疾病的特殊性，患者从出现症状到接受药物治疗的过程中存在多个关键决策点。 企业需要识别这些决策点，并理解影响患者选择的因素，以便在市场推广中更精准地定位产品，并提供符合患者需求的治疗方案。例如，某靶向治疗药物通过分析患者从确诊到治疗选择的全过程，识别了影响患者决策的关键因素，并据此优化了市场推广策略，有效提升了患者的用药依从性和市场覆盖率。

与此同时，竞对分析则是评估市场现状的关键环节。 在中国，处方药市场竞争激烈，企业需要加强竞争对手的产品特性、市场占有率以及市场策略，从而确定自身的竞争优势和市场定位。 同时，对于潜在的新进入者和替代疗法，企业也应保持高度警觉，及时调整战略，以应对可能的市场变化。

关键趋势分析帮助企业预见未来市场的变化。 随着科技的进步和政策的调整，国家医保目录的更新和众多创新疗法的兴起，中国医药市场正经历着快速的变革。 企业需要关注如新药研发、医保政策、市场需求变化等关键趋势，并评估这些趋势对现有市场和未来战略的潜在影响。

通过外部分析，企业能够识别市场机会和威胁，并据此制定相应的市场策略。 在中国，市场机会可能来自未满足的治疗需求、政策支持的增加以及新技术的应用。 而威胁可能源自激烈的市场竞争、不断变化的政策环境以及患者对治疗效果和生活质量要求的提高。

外部分析为中国医药市场的品牌战略提供了方向和依据。 企业需要不断地进行市场研究，深入理解患者需求和市场动态，以便在竞争激烈的市场中把握机遇，应对挑战，实现可持续发展。

3 下一步：内部分析

在本章中，我们将深入探讨：

- 什么是内部分析
- 内部分析的可交付成果
- 内部分析的关键因素
- 内部分析的实施方法
- 市场研究指导策略
- 常见问题与解答
- 旨在提升战略规划技能的实践活动
- 本章所用术语定义
- 推荐阅读材料
- 编者按

什么是内部分析

在产品管理领域,若试图推出与市场现有产品无明显差异的产品,往往难以成功。“模仿主义”(Me-tooism)是许多产品的通病,因此需要进行内部分析。它要求你以批判性的眼光审视你的公司及产品,评估在满足市场细分需求和与竞争对手的比较中的表现。

内部分析的可交付成果

在完成内部分析后,你应该能够:

- 基于以下几点,开发和(或)完善目标产品简介(TPP):
  - 基于市场上已经满足的需求,确定临床试验研究终点的必要条件。
  - 基于对竞争对手的了解,可能抵消其被认可的优势的研究终点。
  - 基于对市场中尚未满足需求和(或)现存方案的不满,可能提供差异化机会的研究终点。
- 基于医疗专业人士需要管理的观点,制定沟通策略。
- 基于品牌建设及推广需求,确定团队所需要发展或维持的能力项。

内部分析的关键因素

- 产品审计:这种分析帮助你了解市场中未满足的需求和不满意的地方(即市场中的痛点)。产品审计可以为“目标产品”的发展和完善提供信息。

- 品牌审计:此类分析使你了解产品更有竞争力需要什么样的产品属性。品牌审计帮助你制定并完善产品定位。它还可以帮助你决定需要哪些能力来最大化你的品牌商业价值。它会告诉你应该关注哪一块市场(即哪一部分患者),以及你应当在这些细分市场中关注哪些机会点。

内部分析的实施方法

在分析你的竞争地位之前,需要在各细分市场中完成对所识别竞争对手的行为分析(见表 3.1)。你需要了解每个参与者在市场中的行为:他们是如何推出产品的,他们对新进入市场者的战略,他们对新的政府政策如何解读,他们是如何定价和推广新产品的,他们在多大程度上进行品牌创建等。

表 3.1 行为分析示例

行为	竞争对手 1	竞争对手 2	竞争对手 3
治疗领域			
产品上市模式(频次、成功)			
新产品发布的资源配置			
产品生命周期管理			
全球化			
创新			
整合			
品牌			
定价			
产品质量			

(续表)

行为	竞争对手 1	竞争对手 2	竞争对手 3
提供的服务			
竞争对手的反应			
架构调整			
公关活动			
推拉策略			
销售队伍组建			

- 在“未满足的需求”标题下总结你的结论。
- 对每个患者细分区块进行重复操作。

图 3.1 介绍了这种分析方法。这通常被归为产品审计——我们现在了解了市场相信什么。

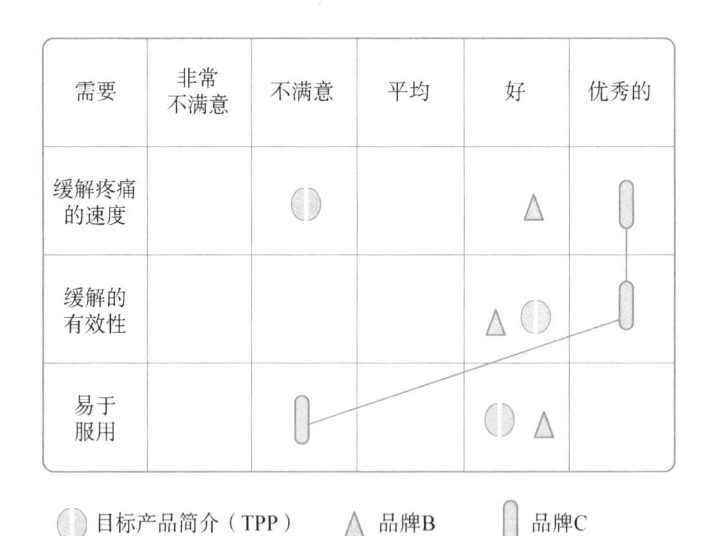

图 3.1　产品审计案例

同时,你需要对竞争对手一段时间内的表现进行详细的研究——最好不少于 3 年,也不要超过 5 年。包括观察他们的患者份额、销售金额份额、销售数量、现金销售及增长情况。你可能无法在单个细分市场层面上获得这些数据。不过在研究前期,你已经开展了调研,确定哪些竞争对手在何种程度上被划分在哪些细分市场中。通过这些信息来分配每个品牌在各个细分市场的销售数据。如果估算每位患者每年治疗的平均成本,将能够大致了解每个竞争对手在某一细分市场中的份额(见表 3.2)。

表 3.2 竞争对手分析实例

市场细分描述										
品牌/公司名称	销售体量	增长率	市场份额	盈利能力	质量	服务	客户满意程度	品牌/公司形象	产品创新	服务创新
1										
2										
3										
4										
5										
6										
7										

通过这些信息,形成你对竞争形势的看法:是否存在差距?在哪些患者细分领域?这些差距对你而言是不是一个可以获得竞争优势的机会?

完成这种行为和竞争对手绩效的分析后(通过二手数据源),你需要进行初级市场调研,以了解医生对不同产品满足各细分市场需求程度的看法。此外,你需要这项调研,以了解一个产品与另一个产品的属性,在哪些细分市场正面或负面地区分开来,以及哪些属性被认为是大多数产品的共性,而无法被区分。

在获得调研结果和结论后,你需要分析一下数据:

① 按优先级,列出每个细分市场的需求。

② 使用研究量表(为了说明,本书中将使用五分制),绘制出每个竞争产品对这些需求的满足程度。

③ 确定差距,即哪里有需求未被满足或哪里仍存在不满。

现在你需要知道,为什么你的客户相信他们所相信的——这就是品牌审计。梳理出哪些属性能使产品相互之间产生正面和(或)负面的区别,以及这些属性是否因细分市场不同而有所不同。任何能将一个产品与另一个产品正面区别的因素都应被归类为该产品的资产。任何与其他产品有负面区别的因素都应该被归类为该产品的负债。那些被认为是所有产品共有的属性应该被归类为等价。

有没有一些可能与你的产品(或 TPP)潜在相关的属性(无论正面或负面),医生是否提到这些属性对他们的意义或相关性?将它们列为潜在的驱动因素(如果是正面的)或潜在的责任(如果是负面的)。图 3.2 解释了你可能如何应对这个问题。

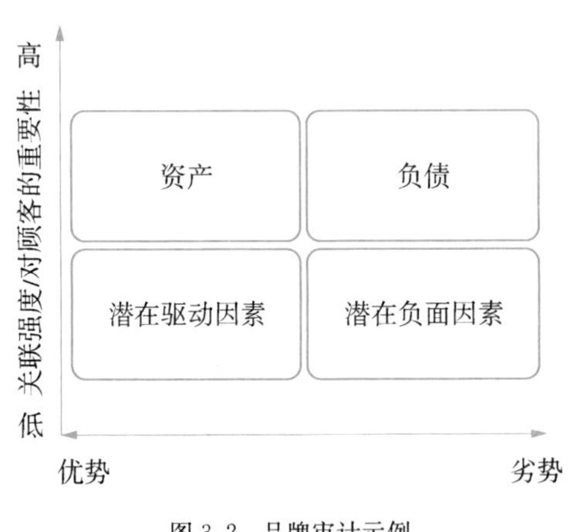

图 3.2　品牌审计示例

严谨解读你的研究结果。处方决策并不总是基于客户在焦点小组和研究中提供的理性标准。在竞争性产品中,质量和产品性能的差别往往很小。理解此类“需求满足”相关的属性有助于我们理解每个竞争品牌的资产(见图 3.3)。

在规划新产品时,理解属性关联是如何/为什么形成的至关重要。回到我们前面讨论的行为分析和竞争对手的表现分析中,你学到了什么?除了

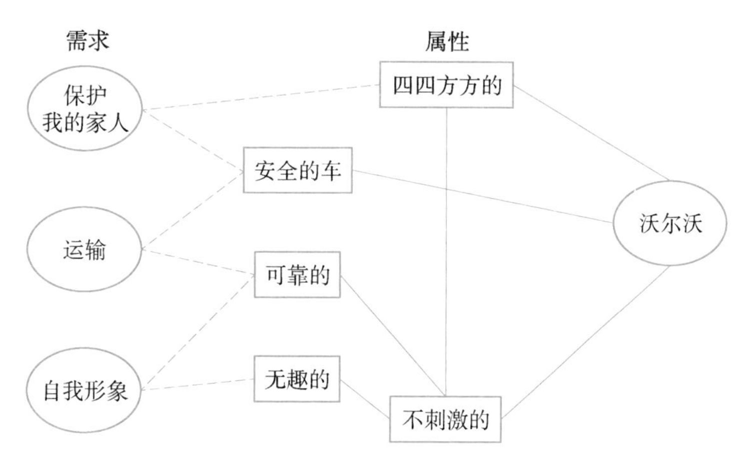

图 3.3 沃尔沃权益实例

参考自《品牌价值图》《凯洛格论营销》

产品属性之外,还有哪些对你有利的因素(将这些添加到资产列表中)?哪些因素可能对你有利,但目前没有(将这些因素添加到潜在驱动因素列表中)?哪些因素对你不利(将这些因素添加到责任列表中)?哪些因素可能会对你不利(将这些因素添加到潜在的责任列表中)?

现在,总结你的立场。如果将某项内容列为资产,那便解释为优势,并指出这是竞争优势的来源。如果将某项内容列为负债,那么就将其解释为劣势。如果你将某项内容描述为潜在驱动因素,那么也就是将其解释为优势,并指出这代表了竞争优势的机会。表 3.3 和 3.4 展示了如何针对优势和弱点的分类的一些指导方针。

表 3.3 确定产品优势的指导方针

优势是	优势不是
……在你的掌控之中	……无法控制的事情
……能给你提供竞争优势的东西	……他人同样可以得到的东西
……相关的东西,即必须有市场应用	……你拥有但没有明显市场相关性的东西/事物
……成功的东西,是品牌资产的来源;如果是品牌资产的来源,那就是资产	……你对必要事情的描述

表 3.4 识别产品劣势的指导方针

劣势是	劣势不是
……那些在你的控制范围内,但是现在不能支持你工作的相关事宜	……无法控制的事情
……负债——它使你在竞争中处于劣势	……一份资产
……当前状态	……未来状态

完成内部分析后,你需要总结未被满足的医疗需求,并突出显示竞争优势差异化的机会。通过这种分析,将能够推断出竞争优势差异化的机会。

市场研究指导策略

以下是一些在收集信息以完成产品审计和(或)品牌审计时的想法:

- 尽管直接研究观念的方法可能很有用,但通常更值得考虑的是间接的方法,甚至是一些看起来有些另类的方式。使用间接方法的动机,通常是假设我们想要研究的人在被提问时可能不愿意或不能透露他们的真实感受、想法和态度。之所以如此,可能是因为他们觉得这些信息令人尴尬或是侵犯隐私。或者,他们可能只是因为不知道真正的原因。投射性研究技术解决了这两个问题,允许受访者将自己投射到一个特定背景中,从而限制了某些更为直接的提问形式。
- 使用间接的方法来帮助你了解竞争对手的品牌对客户意味着什么十分重要。这项研究应该随着时间和不同细分市场的背景而重复进行。猜测人们对不同品牌的看法是不可取的。
- 衡量关联的一种直接的方法是根据一系列维度来衡量品牌。尺度方法比定性方法更客观、可靠。它们可以基于客户的代表性样本并揭示关联的发生率和它们之间的关系。通过这种方式,使其可被量化。
- 在这些研究中,最值得关注的是确定最重要的观念维度。第一种方法是询问受访者每个属性或好处对他们选择品牌的重要性。问题是,人们经常把每件事都说得很重要。第二种方法是确定哪些属性可以区分处方者和非处方者。第三种方法是提出权衡问题。后一种技术提供了维度重要性的敏感度量。注意,测量需要在特定的细分市场和同一竞争品牌的背景下进行。

- 另一个考虑因素是探知品牌之间的维度是否有所区别。如果某一属性真的有区别,那它值得被保留,即使根据其他衡量标准,它似乎并不重要(它将被归类为潜在的驱动因素或潜在的责任)。相反,如果一个属性或利益明显很重要,但在品牌之间没有区别,那么它可能只有边际效用(它将被归类为无差异处)。
- 最后,你不仅应该对与每个品牌的关联,以及品牌在观念维度上的位置感兴趣,还应该关注:
  - 关联的强弱程度。
  - 形象的清晰度,即客户是否同意与品牌有所联系?品牌形象越清晰、联想越强的,将成为强有力的竞争对手。
- 使用历史相关数据开展竞争对手的行为分析,了解他们在市场上的独特行为和反应。这是有局限性的,特别是如果该公司最近聘请了一位新的 CEO,或者高级管理团队发生了变化。在这种情况下,过去的行为不再是他们未来可能采取的战略预测指标。但是,如果你知道新的 CEO 或管理层来自哪里,那你可以研究该 CEO 在前公司的行为,并试图推断出结论。
- 绩效分析主要依赖于有关竞争对手的长期历史数据,通常是过去 3～5 年的数据。绩效度量可以采用绝对指标表示,也可以与行业绩效进行相关性分析。这一步骤至关重要,因为绩效分析与行为分析相结合,可以深入洞察竞争对手的行为、战略与绩效之间的关系。

常见问题与解答

- 当你为新产品做计划时,如何使用这种分析来帮助你确定"目标产品简介"? 首先,你需要决定你想要瞄准哪个细分市场(需求状态和相关的患者细分)。假设你已经做到了这一点,绘制客户对竞争对手产品满足每个患者群体需求程度的看法。确定哪些属性与竞争对手的产品关系最密切,并确定这些属性是否代表资产(即与竞争对手密切相关并可以与其他产品区分,对客户有意义并被认为是正面的)、负债(如上所述,除了那些被认为会减少处方药的数量)或无差异的方面(客户认为大多数产品都能提供这些方面)。

  根据定义,无差异处变成了"必须有"。同时我认为,你需要选择至少一个差异点作为"必须有",从而避免"我也一样"的结局。竞争对手产品负债是否可能会成为差异化的机会? 竞争对手拥有的资产是否可以进行弱化?

  大多数目标产品的简介都包含"必须具备的"——在产品进入临床试验之前,这些为做或不做决定提供了框架。通常会有一份"最好拥有"的清单。这些"好东西"并不能成为"做或不做"决定的基础,但通常的确提供了差异化和(或)改变市场结构的基础。利用你对未被满足的需求、感知到的不满意以及它们之间联系的洞察力来制定目标产品的概况,只关注你想参与竞争的患者细分市场。
- 当产品处于开发的早期阶段尚未上市时,鉴于该分析必须基于医生认知,我们应该如何进行? 鉴于我们的产品尚未上市,你可能有一批参与了产品开发的医生,他们可能是直接参与者(例如参与临床试验),也可能是间接参与者(如意见领袖小组)。咨询这些医生,了解他们对产品能否满足需求的看法。

- 如何区分需求和属性? 许多参数可以满足需求,而属性则只有“有或没有”之分。通过实例来解释一下。比如,要求“无药物间相互作用”的需求是不正确的。你的产品要么与其他药物相互作用,要么不相互作用,需求可能更类似于“不给患者带来不便”。

旨在提升战略规划技能的实践活动

回顾一下你之前写过的计划,或者一个同事写过的在系统上的计划。找到总结 SWOT 分析,专注于 SWOT 分析的 SW 部分。询问自己以下问题:

- 是否有证据支持作者意识到市场不同部分的优势和劣势是有所不同的? 如何描述的? 如果是我,该怎么做呢?
- 我会对这些项目有不同的理解吗?
- 所有被描述为优势的内容都是与市场相关(或重要)的,这些是我们比竞争对手更擅长的部分吗? 请修改优势总结。
- 现在将关注点放在弱点部分,用同样的方法评估它们。
- 现在回顾既往的市场份额,在这种竞争地位下是否有意义,也就是说,那些特别强大的公司是不是那些成功抢夺了较弱的竞争对手的市场份额的公司(这么做的目的是确定是否有思维的一致性)。

本章所用术语定义

- 资产:品牌独有的属性,被视为品牌优势,它们会形成资产。随着时间的推移,一些资产可能会被竞争对手的活动所中和,因此被认为是“脆弱的”资产。

- **态度**:人们如何看待[感觉和(或)思考]某事,态度比信念更容易被改变。
- **信念**:人们认为正确或错误的东西。虽然信念可能比态度更难改变,但信念比需求、价值观或激励因素更容易改变。
- **品牌**:存在于顾客头脑中的感知实体,与产品或服务有关。
- **品牌联想**:顾客和(或)消费者能够回忆起的品牌特征。它们可以是被喜欢或不被喜欢的特征。
- **负债**:这些也是品牌独有的属性,会损害品牌资产,从而也是品牌弱点。
- **品牌无差异点**:消费者重视品牌的这些属性,但并非该品牌独有的;因此无法将品牌与其他品牌区分开来。
- **潜在驱动因素**:这些是品牌独有的属性,但目前还没有被客户重视或与品牌联系起来。
- **产品审计**:根据“需求”了解与产品相关的优势和劣势,以及竞争对手对这些需求的满足程度。
- **产品概况**:营销计划的一部分描述了产品概况是什么或可能是什么。它应该包含以下信息:
    - 药物类别、剂型。
    - 剂量。
    - 产品特点(如半衰期、药物相互作用)。
    - 配方。
    - 专利情况。
- **优势**:在公司/团队的范围内,抓住机会和(或)管理威胁所需的因素,这些因素都比相关的竞争对手强。
- **成功因素**:组织的功能、能力、力量和组织特点,这些因素使市场对该品牌产生了现有的观念。

推荐阅读材料

- AAKER DAVID A. Managing Brand Equity [M]. USA: MacMillan Inc, 1991.
- AAKER DAVID A. Building Strong Brands [M]. New York, USA: The Free Press, 1996.
- AAKER DAVID A. Brand Leadership [M]. New York, USA: The Free Press, 2000.
- BLACKETT T, ROBINS, D. Brand Medicine: The role of Branding in the Pharmaceutical Industry [M]. Hampshire: Palgrave Publishers Ltd, 2001.
- DOGRAMATZIS DIMITRIS. Pharmaceutical Marketing: A practical guide [M]. Denver, Colorado: HIS Health Group, 2001.
- IACOBUCCI D. Kellog on Marketing [M]. Canada: John Wiley & Sons, 2001.
- KELLER, KEVIN L. Strategic Brand Management. Building, Measuring and Managing Brand Equity [M]. New Jersey, USA: Prentice Hall, 1998.

编者按

作为一名在医药市场有多年经验的从业者，我认为药企在中国市场取得成功的关键在于深入的内部分析和市场理解。 中国政府不断推出鼓励创新药研发和加速药品审批的政策，这为药企提供了绝佳的机会。 然而，不同地区的医疗资源和需求差异巨大，药企需通过细分市场调研，制定差异化的市场策略。

竞争对手行为研究也是必不可少的，通过了解竞争对手的产品推出、定价、推广和品牌建设策略，我们可以发现市场中的机会和威胁。 例如，PD－1 和 CAR－T 等领域的竞争激烈，但也存在差异化定位和市场空白的机会。

品牌在中国市场的认知度和美誉度至关重要。 通过定期的品牌审计和调整品牌定位，我们可以提升品牌在医生和患者中的影响力。 与本地的医疗机构和专家合作，有助于增强品牌的可信度和影响力。

本土化策略是适应中国市场的必要手段。 通过本地化生产、本地化营销和本地化服务，我们可以更快地响应市场需求，提升服务质量。 此外，利用数字化渠道进行市场推广和患者教育，也是提升品牌曝光率的重要途径。

综上所述，药企在中国医药市场中应通过详尽的内部分析、竞争对手研究和本土化策略，结合政策环境和市场需求，制定精准的产品和品牌策略，从而在竞争激烈的市场中取得领先地位。

4 思维整合

在本章中，我们将深入探讨：

- 思维整合的必要性
- 构建思维整合的架构
- 构建战略决策网的步骤
- 如何解读整合思维框架
- 常见问题与解答
- 旨在提升战略规划技能的实践活动
- 推荐阅读材料
- 编者按

思维整合的必要性

在制定市场策略时,我们常面临一个风险:即便完成了详尽的分析,却可能忽视了不同分析领域间的内在联系。思维整合作为一种分析工具,其目的是简化不同市场细分间的比较,并辅助决策者在市场细分中确定关键点。换言之,若运用得当,思维整合可以帮助我们评估某一市场细分的竞争力,以及在该细分市场中各种机遇的竞争力。

综合思维的优势在于:

- 确定优先级患者群体——依据市场细分的整体吸引力来确定优先级。具有吸引力的市场细分往往充满机遇,并且公司在该领域具有竞争力。此外,这也可能是公司对创造机会或通过提升市场地位来获取机会充满信心的领域。
- 识别有限机遇——帮助公司在市场细分中识别最适合自己的机遇,因为公司拥有或能够获得利用这些机遇的优势。
- 确保战略驱动战术,预测驱动战略,并且战略基于对机遇与竞争环境最佳匹配的理解。

构建思维整合的架构

为了整合并交叉分析,通过外部分析和内部分析收集到的所有信息,可以采用多种营销概念(见图 4.1)。

推荐使用两种传统营销技术——战略决策网格和 SWOT 分析(也称为 TOWS 分析或 OTSW 分析)。

概念	第一阶段	第二阶段	第三阶段	第四阶段
产品生命周期	引入期	成长期	成熟期	衰退期
安索夫矩阵(Ansoff Matrix)	市场渗透	市场开发	产品开发	多元化
波士顿咨询集团矩阵(Boston Consulting Group Matrix)	问题产品(Problem Child)	明星产品(Star)	现金奶牛(Cash Cows)	瘦狗(Dogs)

图 4.1 市场营销概念

- **战略决策网**:根据公司利用该机会的能力(即竞争地位),绘制每个市场细分的机会图,同时体现每个市场细分的相对价值(见图 4.2)。

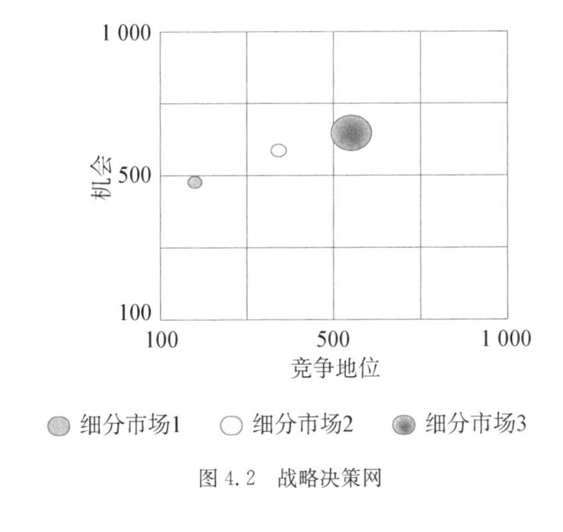

图 4.2 战略决策网

- **SWOT 分析**:结合不同审计的信息,帮助考虑对每个部分的了解,并将这种理解作为决策的基础(见图 4.3)。

构建战略决策网的步骤

1. 为每个市场细分创建已确定的机会和威胁的单独列表,按重要性排序。每个细分市场应详细列出 10～12 个关键因素。若超出此数量,可能意

机会	威胁
· 低依从性削弱了当前治疗的有效性 · 共病性与更严重疾病 · 高疾病负担 · 为满足的需求	· 患者冷漠可能导致难以吸引医生的关注 · 未来会出现更新颖的治疗方式
优势	**劣势**
· 真实有效的 · 设备新颖(医生偏好) · 设备易于使用 · 覆盖多种适应证	· 安全性认知差 · 临床收益可能小于患者预期

图 4.3　SWOT 分析实例

味着对目标市场的理解不够深入,缺乏对市场进入或运营策略的深思熟虑。需注意,这些因素应基于市场分析和环境分析的深入洞察而得出。

2. 考量优势和劣势。这些都来自内部分析,也就是来自产品本身或者公司。按照你列出机会和威胁的方式,为每个细分市场列一个清单。同样按重要性排序。你应当从品牌升级中获得产品优势和劣势列表。

3. 你目前拥有两个因素分析表:一个专注于机会与威胁,另一个则关注优势与劣势。在这些列表中,各个因素的重要性或必要性是不尽相同的。有些因素相较于其他因素可能具有更高的权重。

4. 选择一个细分市场,确定一个因素相对于另一个因素的重要性。为各因素分配 100 分,以表示它们的相对重要性。表 4.1 是一个示例,展示了如何进行操作。现在,列表已经加权,你可以从机会和威胁的列表转移到优势和劣势的列表。对每个细分市场的机会和威胁以及优势与劣势,重复进行权重分配练习。

表 4.1 分析框架(细分市场 3)

机会与威胁因素(按重要性排序)	权重	优势与劣势因素(按重要性排序)	权重
未被满足的医疗需求	25	具有治疗效果的	25
高疾病负担	25	设备新颖性(医生偏好)	20
与更严重疾病的共病性	17	设备易于使用	15
低依从性削弱了当前治疗的有效性	17	覆盖广泛适应证	15
患者的不重视意味着难以吸引医生的注意力	12	临床收益可能小于患者预期	15
未来有更多新颖治疗方式或成为常规治疗方案	4	安全性认知差	10
总计	100	总计	100

5. 现在开始给这些因素进行打分,评分量表见表 4.2。

表 4.2 评分量表

分数	机会与威胁
10	代表重大机会的因素
7	代表机会的因素
4	代表威胁的因素
1	代表重大威胁的因素
分数	优势和劣势
10	代表核心优势的因素
7	代表优势的因素
4	代表劣势的因素
1	代表值得关注的劣势因素

6. 将分数乘以权重,你将得到每个细分市场的机会和威胁因素,以及每个细分市场的优势和劣势因素的加权分数。把所有机会和威胁因素的得分相加,你就得到了每个细分市场的总体机会得分。同样,所有优势和劣势因

素的得分之和将给出每个细分市场的整体竞争力得分,如表 4.3 所示。

表 4.3　细分评分

机会与威胁(按重要性排序)	权重	分数	加权分数
未满足的因素	25	10	250
疾病高负担	25	1	25
是更严重疾病的并发症	17	10	170
低依从性影响了当前治疗的有效性	17	7	119
患者的低热情可能无法引起医生注意	12	7	84
未来有更多创新药物上市	4	4	16
总计	100	39	664

7. 要直观地看到每个细分市场在战略决策网格上的位置,将每个细分市场的所有机会和威胁的总分与所有优势和劣势的总分进行比较。每个细分市场的圆圈大小应该反映每个细分市场的相对价值,这应与规划期结束时的预测相符。请参考图 4.1 以获取进一步的说明。

如何解读整合思维框架

1. **以战略决策网为起点**:这是对每个细分市场绝对吸引力和相对吸引力的直观展示。应用的评分系统表明:

① 任何在 y 轴中点或以上位置的细分市场,在所提供的机会方面具有吸引力。得分 450 表示该细分市场的机会处于平均水平。

② 在 x 轴上,得分低于或高于 450 分的细分市场,表明你与市场上其他参与者的竞争力相当或更强。450 分代表市场竞争力的平均水平。

③ 在 y 轴上得分低于平均水平的细分市场,表明获取现有机会存在显著障碍。负分越大,障碍越大。

④ 任何在 x 轴上显示低于平均水平的细分市场，表明与市场其他参与者相比，目前处于竞争劣势。

⑤ 圆圈的大小代表相对细分市场的价值。圆圈越大，表示该细分市场的价值越高。

2. **SWOT 分析的优先关注点**：首先应关注机会和威胁，因为 SWOT 分析在讨论竞争力和原因之前，需要描述所处的竞争环境。

3. **SWOT 分析的回顾**：首先要确定你感兴趣的机会点，并利用这些机会为其他审计步骤提供信息。

4. **机会的选择与竞争力考量**：

① 机遇涉及哪些成功因素和产品属性？

② 它们目前是优势还是劣势？

③ 如果是劣势，是否可克服？显然，发挥优势比改正缺点更容易，因此需要仔细考虑哪些是可行的，哪些是不可行的。

5. **一旦你确定发现了一个或多个有实际竞争性的机会，则需要开始审查威胁**：

① 确定哪些威胁可能对所选目标产生最大影响。

② 这些威胁是什么？例如，如果客户基础存在威胁，你可能无法最小化或消除它。然而，如果威胁是一种态度或信念，在资源充足的情况下，这种威胁可能随时间改变。

6. **建立对选择的理解**：

① 需要利用哪些成功因素和产品属性来成功利用这些机会？

② 为了最大限度地把握机会，你需要应对哪些威胁？

7. **确定关键成功因素**：对于每个患者群体，确定长期成功所需的关键因素。通过头脑风暴，确定利用机会或管理威胁所需的成功因素，以确保产品商业化（见图 4.4）。

8. **选择最重要的成功因素**：当有了一张“成功因素”的综合清单后，回顾并选择最重要的因素（通常 6～8 个）。这标志着你已完成确定成功关键因素

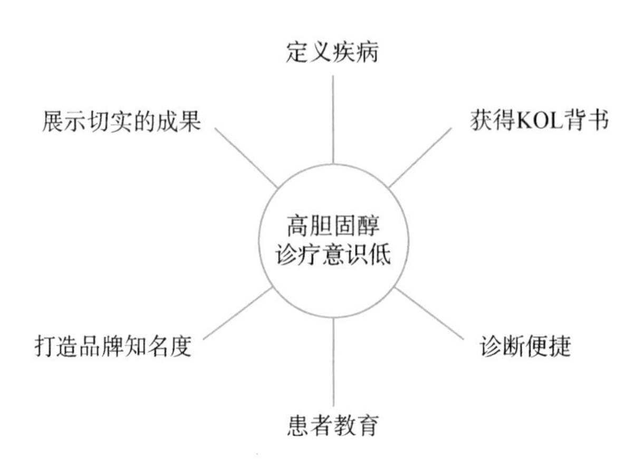

图 4.4　“成功因素”头脑风暴示例

的初步步骤。

案例：

降胆固醇药物市场具有以下特点：

- 医生和患者对胆固醇重要性的认识不足。
- 对于高胆固醇的影响及其识别方法缺乏了解。
- 缺少普遍认可的治疗方案。
- 患者主动就医的情况。
- 监管机构对于治疗效益尚未给予认可。

针对这些特点，默克公司针对其产品 Mevacor 指导成功所需的条件，包括：

- 明确疾病的定义，提高对疾病本质的认识。
- 引入并推广诊断方法，以便更准确地识别患者。
- 获得关键意见领袖(key opinion leaders，KOLs)的支持和背书。
- 提升患者对自己可能存在的健康问题的认识和了解。
- 这些策略有助于提高市场对降胆固醇药物的需求和接受度，同时为产品成功铺平道路。

9. 客观评估成功因素的能力:现在,你应该反思公司对这些成功因素的应对能力,避免主观愿望影响判断,尽量保持客观。最终,确定对成功至关重要的因素,但数量不超过5个。

10. 审查过程的重要性:这一审查过程至关重要,它优先于战略目标的设定和战略制定过程。接下来的章节将详细介绍战略目标的设定和战略的制定。

常见问题与解答

- 为何需在机会间做出选择:为何我需要在一两个机会之间做出选择,而不是同时利用它们?如果你具备必要的能力和资源去竞争两个不同的机会,那么你可能会决定同时追求它们。然而,在许多情况下,专注于一个机会并将其做到极致,往往比分散精力导致两者都不尽如人意要好。以下是优先考虑一个机会的几个理由:
  - 在这个机会上,你拥有比在其他机会上更强的竞争力。
  - 这个机会相对于其他机会具有更高的价值。
  - 你相信通过市场开发或市场扩张,可以最大化这个机会的规模,而另一个机会可能已经达到了规模的极限。
- 为何需要选择性管理威胁:如果威胁限制了实现市场潜力的能力,为何不针对每个威胁制定管理策略呢?无论你所在的公司规模大小,也不论你拥有多少资源,都需要确保资源的明智使用。换句话说,如果不能有效利用相关机会,那么处理或管理威胁就失去了意义。在这个行业里,许多公司投入大量资源于市场开发和(或)扩张,结果却被竞争对手攫取了销售利润。以下是一些自我提问,以帮助你考虑应优先关注哪些威胁因素:

- 威胁是否影响我关注的机会?
- 我是否有能力处理该威胁(即是否具备所需能力)?
- 我有多大信心能够影响威胁因素?
- 如果我不采取措施保护自己免受威胁,能否在市场中生存下去?

- **权重对细分市场吸引力的影响**:你给这些因素施加的权重将如何影响细分市场的整体吸引力?权重较高的因素可能会对最终结果产生显著的正面或负面影响。因此,我建议你按照以下方式使用权重:
  - 在对机会和威胁进行评分时,对于那些影响较小的因素,即你无法改变的因素,应给予较高的权重。这意味着如果这些因素存在且对你有利,它们将正面影响该部分的"机会总分",反之则产生负面影响。权重的分配不应受该因素是机会还是威胁的影响。
  - 在衡量优势和劣势时,对于那些比其他因素更能决定项目成功的关键因素,应给予较高的权重。权重的分配不应受该因素是优势还是劣势的影响。

旨在提升战略规划技能的实践活动

从贵公司过往的计划中选取一个 SWOT 分析的案例。你能分析出公司的能力和(或)产品属性是如何促进或限制了你的竞争力的吗?你将如何阐述这一点?

如果你是该计划的产品经理,你会关注哪些机会?为什么?从你的视角来看,哪些问题是最关键的?为什么?你能区分哪些是紧急且重要的事项吗?你的判断依据是什么?

推荐阅读材料

- Lidstone, J. and MacLennan, J. (1999) Marketing Planning for the Pharmaceutical Industry, Hampshire: Gower.
- Schulz, E. (2000) The Marketing Game: How the World's Best Companies Play to Win, London: Kogan Page Ltd.

编者按

中国医药市场正处于快速发展期，伴随着人口老龄化和某些疾病患者数量增加，市场需求持续增长。同时，随着中国医药创新能力的增强，越来越多的原研药物开始走向国际市场。在这一过程中，思维整合成为企业制定市场策略的重要工具。

企业通过思维整合，能够全面评估国内外市场的细分情况，识别不同地区患者群体的需求，制定差异化的市场策略。例如，针对某些疾病类型，企业可以依据国际市场的临床需求和准入标准，调整研发方向和市场推广计划。以 BTK 抑制剂为例，中国原研的 BTK 抑制剂，如泽布替尼，不仅在国内市场上取得了成功，也成功进入了国际市场，尤其是美国市场。通过思维整合，企业能够全面评估全球市场细分，识别不同地区患者群体的需求，制定差异化的市场进入和发展策略。

在国内市场上，企业需要密切关注医保政策的变化，通过思维整合，及时调整产品定价和市场策略，确保药物的可及性和竞争力。同时，加强与医疗专业人士的合作，通过医学教育和学术交流，提高产品在专业领域的认知度。

在国际市场上，企业应深入分析目标国家的政策环境、市场需求和竞争格局，制定合适的市场准入和推广策略。例如，通过参加国际临床试验和学术交流，展示中国原研药物的疗效和安全性，提升国际市场的接受度。

与此同时，患者教育在提升治疗依从性和满意度方面发挥着至关重要的作用。以乳腺癌患者教育为例，企业通过线上线下多渠道宣传，提高了患者对疾病和治疗的认识，有效提升了患者的治疗依从性和生活质量。

在全球化的今天，中国医药企业需要运用思维整合这一战略工具，深入理解国内外市场，制定科学的市场策略，以实现可持续发展。通过精准的市场定位、资源的优化配置，以及与医疗专业人士和患者的深入合作，企业不仅能够在国内市场保持优势，也能够成功走向国际市场，展现中国医药的创新实力。

5 战略制定

在本章节中，我们将深入探讨：

- 战略的定义
- 制定战略所需关注的核心要素
- 如何制定战略方案
- 市场研究指导策略
- 常见问题与解答
- 旨在提升战略规划技能的实践活动
- 本章所用术语定义
- 推荐阅读材料
- 编者按

战略的定义

通常来说,战略是指企业为了达成其长远目标而进行的总体性、指导性的规划,涉及全局性、高层次重大问题的规划和策略。制定和执行战略需要深入的分析、全面的考虑和丰富的经验,并且需要根据实际情况进行动态调整,以确保其科学性和可行性。

一个优秀的战略规划首先要求明确企业的目标定位,随后探索实现该目标的所有合理备选方案。这些方案即为战略。战略目标的实现可以采取多种途径,例如,实现年销售额增长10%的战略目标,可以通过增加某一细分市场的销售额或进入一个全新的细分市场来达成。增加某一细分市场的销售额(通过扩大该细分市场或从竞争对手那里获得份额)。进入一个全新的细分市场(通过推广产品的现有属性或针对该细分市场重新定位产品)。这些都属于不同的战略。

一个好的战略可以让你从许多可选的方案中选定路线,从而能够实现以下目标:

- 整合产品成功营销所需的所有要素。
- 指导所需资源和工作的分配。
- 对实现目标的手段有选择性。

制定战略所需关注的核心要素

战略目标

在探索达到目标的不同方法之前,你需要知道目标是什么。

战略选择

为实现战略目标而可能采取的备选路线(或方法)。每种选择可能涉及不同的目标客户。

预测收入和投资

每种战略都需要投资。通常情况下,投资的性质因战略而异,投资结果(即预期的未来市场规模、市场份额和相关收入)也是如此。

目标定位

在第1章中,我们重点讨论了市场细分,即确定具有相似特征和需求的不同需求状态,并有选择地分别将其作为目标。确定需求状态和相关的患者细分市场,并选择其中之一作为目标市场的目的如下。

- 任何制药公司,无论规模有多大,都不可能用同一种产品有效地针对所有可识别的细分市场(即医生的治疗目标)。竞争对手一定会在某些方面更好地满足某些治疗目标。
- 追求低利润率的细分市场是对资源的巨大浪费。相反,你应该把重点放在那些你已经拥有,或能够获得可持续竞争优势的细分市场上,进而实现理想的销售收入和市场份额增长。

制定战略就是要做出选择:选择满足哪些需求、哪些患者细分市场,以及在目标细分市场中需被关注的问题和机会。请注意,确定目标与细分产品并不是一回事。重要的是要明白,通过定义“目标需求状态”,你并没有排除其他需求,只是描述了品牌要满足的“核心”需求。

如何制定战略方案

就如何表达明确定义的目标提出想法。这些想法应该既可以是定量的

(如价值十亿美元的品牌),也可以是定性的(例如改变治疗模式)。定量目标的优点是精确、具体;而定性的目标往往更有说服力,因为它们能有一个更具象的成功之后的样子。

制定战略目标。没有战略目标,就没有机会创造未来;你只能对未来做出反应。制定战略目标是为了激发实现高绩效表示出一定的决心。定性部分则需要将定量数字变为现实。对于定性部分,可以采用一种或多种方法:

- 创建一个以击败竞争对手为核心的目标。这种方法利用了人类的天性,即人们不喜欢苟活,喜欢赢(例如:击败 X 品牌)。
- 定义一个对每个人都具有相同意义的形象(例如:成为制药行业的 IBM)。
- 将终点定义为开始必要的内部转型(例如:在各个方面都做到更好)。

问自己几个问题:

- 它们是否造成压力和挑战?
- 它们是否有一个终点线和具体的实现时间框架?
- 它们是否可实现?战略目标"可实现"的概念非常重要,这就是为什么只有在充分了解市场和竞争状况后,才能制定战略目标。

现在,你需要描述如何实现这些目标。其中一个变量是你应该瞄准哪个细分市场?另一个变量是这是否可以作为在目标市场中采取的方法,即市场扩张、市场开发和(或)市场渗透?你是否针对不同的细分市场有不止一种产品或服务?如果是,那么这可能是另一个变量。是以价格还是以差异化作为目标细分市场竞争的基础,也是值得思考并在战略中说明的问题。

为了更好地做出战略选择的决定,你需要考虑以下几点:

- 每个细分市场的未来市场规模与潜力:每个细分市场的实际规模和潜在规模是多少?患者数量是多少?有多大价值?预测"服务"市场在未来几年会增长还是下降?针对每个细分市场,寻找这些问题的回答。根据优势、等效和劣势对细分市场进行排名(见表 5.1)。

表 5.1 未来市场规模及潜力

分类	细分市场 1	细分市场 2	细分市场 3
实际患者			
潜在患者			
实际市场价值			
潜在市场价值			
市场预测(+/-)			

- 每个细分市场的特点：是否存在未满足的需求或对现有产品的不满？决策者和主要影响者的态度和信念是什么？能否利用他们，还是需要塑造他们？成功的障碍是什么，这些障碍容易克服吗？换句话说，存在哪些问题？考虑每个细分市场并回答这些问题，再次根据优势、等同性和劣势对细分市场进行排序（见表 5.2）。

表 5.2 细分市场属性

分类	细分市场 1	细分市场 2	细分市场 3
未满足需求等级			
决策态度及观点			
有影响者的态度及观点			
可克服障碍的难易度			

- 有关产品及其竞争力的问题：你的产品能否满足患者的需求？它们有差异点吗？优势在哪里？考虑你对每个患者群体的这些问题的回答，并根据优势、等同性和劣势进行排序（见表 5.3）。

表 5.3 你的产品竞争力如何

分类	细分市场 1	细分市场 2	细分市场 3
产品对目标市场需求满足的充分性			
产品在市场竞争中所展现的差异化优势范围			

(续表)

分类	细分市场 1	细分市场 2	细分市场 3
该竞争优势是否具有可持续性			
产品特性中是否有能够利用并回应患者未被满足的情感需求的要素			

- **你是否具备必要的能力**:除了产品简介外,什么因素能可持续地产生竞争优势,以帮助你在每个患者群体中竞争市场份额?你的风险因素是什么?考虑每个患者群体这些问题的回答。根据优势、等效性和劣势对各细分市场进行排名(见表 5.4)。

表 5.4　是否具备必要能力

分类	细分市场 1	细分市场 2	细分市场 3
是否拥有必要能力			
为你带来竞争优势的能力			
优势持续性的信心程度			

- **在每个细分市场竞争的投资水平问题**:要在每个细分市场进行有效竞争,需要投入多少资金?可能得到的回报是多少?在每个患者细分市场的投资风险有多大?考虑每个患者细分市场中这些问题的回答。根据优势、等效性和劣势对细分市场进行排序(见表 5.5)。

表 5.5　投资的必要程度

分类	细分市场 1	细分市场 2	细分市场 3
需要投资的等级			
投资回报率			
预计所需投资程度			

总结你的发现并得出结论,说明潜在的战略选择(见表 5.6)。

表 5.6 细分市场整体吸引力

分类	细分市场 1	细分市场 2	细分市场 3
未来市场规模与潜力			
你的竞争力			
是否有必要的能力			
投资需求			
细分市场整体吸引力			

计算出每一个战略需要的投资，以及在什么时间内，需要达到的详细程度。通常需要的投资类别、类型的示例(见表 5.7)。

表 5.7 市场投资预测示例

分类	年-3	年-2	年-1	当前	年+1	年+2	年+3	年+4	年+5
推广会议									
会议赞助									
患者支持项目									
市场研究									
公关宣传									
推广物料									
样品									
市场推广费用									
医学会议费用									
上市后研究费用									
医学费用									
研发费用									
注册费用									
销售费用									
行政等其他费用									

现在，做出预测。确保你的预测是根据你对投资水平、投资时机、你将

关注的问题和(或)机会以及你的起点所做的假设来确定的。确保你所做的与预测相关的所有假设都是正确合理的。

最后,研究当下及随着时间推移,哪种方案的潜在收益最大?哪种方案最有利可图?随着时间的推移哪种方案风险最小?这些都是你在决定首选路线之前可能会问自己的问题。

一旦确定了首选路线,请使用以下问题清单检查你的建议:

- 我是否阐述清楚了实现战略目标的明确战略步骤?
- 我制定的战略是否令人信服?
- 该战略是否与产品生命周期所处阶段、竞争对手的战略和市场状况相适应?
- 我是否有选择目标市场的明确标准?
- 我是否计划了足够的投资来实现战略目标?

市场研究指导策略

总是从市场本身开始:

在理想情况下,首先应确定每个目标细分市场中接受治疗的患者群体规模。

根据外部环境分析得出结论。与既往行为相比,你的目标患者群体数量在未来是否可以实现更快增长?如果是,为什么?每位患者的平均药物治疗价值可能会改变吗?如果是,为什么?

考虑拟定的市场战略。该战略是否涉及在目标患者群体中改变治疗人群的规模?如果是,请相应地调整你的市场预测。

考虑未来的细分市场价值。你正在实施的战略是否会影响患者治疗的平均价值?如果是,则进行必要的调整。

现在,考虑你可能占有的市场份额。当你预测你未来的市场份额时,我强烈建议你考虑用多种不同方式来解决这个问题。无论采取哪种方法,一定要参考你之前的分析(参考第 2 章和第 3 章);目标患者群体的市场特征和你的竞争地位,为预测提供好足够充分的信息。

- 需要考量这个疾病的流行病学特征。根据医学文章发布的流行病学数据,发病率和患病率来估算整体发病/患病人群;接着,根据目前该疾病的诊疗状况评估就诊率、诊断率、治疗率达到了多少;然后,根据你所在公司的团队大小和覆盖的地域来评估可及的患者群体体量。最后,根据该产品是否能进入医保,估算出可以承受该产品的患者群体的最终大小。
- 需要考量市场状况,有多少家公司的多少个产品在这个市场里。新进入者表现如何? 他们是否快速获得市场份额? 根据几个这样的例子,如果是你的产品,能做得有多好? 会更快吗? 确保能够找到证据支持你的假设。比如你的产品是第一个进入市场的,即 first in class,还是在目前已上市产品的市场里从疗效、安全性等各方面数据等来说都是最优的,也就是 best in class。如果是 first in class 和 best in class 产品,按照目前中国市场的增长速度,基本在进入医保后的三年内需要快速成为市场第一,占据最大份额。
- 需要根据该疾病的长期用药情况,预估一个患者长期坚持使用的比例,也就是 adherence rate。不管是慢性疾病还是肿瘤类疾病,患者的长期使用比例都需要根据该产品的属性、医生的推荐使用周期和患者能坚持长期使用的周期来综合评估这个时长。

常见问题与解答

- **我知道我们需要做什么,为什么还需要费力描述和评估不同的方案?**

你需要说服团队里的其他人,让他们相信你已经考虑过实现战略目标的所有途径,而你选择了最合适的,且是基于良好业务论证的这个途径。

- **“战略”一词有许多不同的用法，你能指导如何使用这一战略吗？** 战略有许多不同的类型和层次、包括企业战略、运营战略、营销战略、产品战略、分销战略、营销传播战略、广告战略等。思考战略最简单的方法就是层层递进。一个好的战略就是要学会分解目标，逐步实现。任何战略都应与目标相呼应。
- **战略和目标有什么区别？** 目标是一种最终状态，一种结果。战略是实现这一结果的所有手段。
- **战略选择的关键要素是什么？** 任何市场营销战略的组成部分都应考虑到产品、患者群体和客户，而考虑到这些可以将产品的优势发挥到最大，资源、投资范围/规模以及时机运用到最佳。

旨在提升战略规划技能的实践活动

在不参考本章前面内容的情况下，试着回答下列问题：

- 你能从营销战略中发现什么？
- 有哪些关键组成部分？
- 哪些因素会使它不完整？

现在，关注你所知道的未能实现战略目标的近期品牌战略计划。了解它们的战略目标是什么？探讨了哪些战略方案？为什么被否决？本来可以提出哪些问题来揭示所建议战略的缺点。

本章所用术语定义

- 战略目标：
  - 描述成功。

  - 战略的基础，定位产品定位和营销目标。
  - 简洁明了。
  - 可激励参与产品营销中的每个人，并为其提供所需支持。
  - 可描绘出长期成功的愿景。
  - 为公司/部门树立一个长期的高瞻远瞩的目标。
- 战略：如何实现战略目标。它通常会提及哪些细分市场、哪些产品以及通过哪种机制实现，如市场扩张与市场渗透。
- 战略选择：可供选择的方案。每种选择都代表了实现战略目标的一种可能途径。
- 目标客户：医生、患者、医疗服务系统相关人员等，他们被认为会直接或间接地对处方产生重大影响，是实施战略的关键。

推荐阅读材料

- Corstjens, Marcel (1991) Marketing Strategy in the Pharmaceutical Industry, London: Chapman & Hall.
- Garvin, David A. and Roberto, Michael A. (2001) 'What you don't know about making decisions', Harvard Business Review, September: 108 - 116.

编者按

随着中国医药市场的快速进展，企业在规划策略时必须紧跟市场动态，融入深邃的市场洞察力和差异化策略。在政策扶持和科技创新的双重驱动下，市场活力不断被激发，企业需在此背景下敏锐地捕捉发展机遇，制定出切实可行的战略规划。

首先，企业须与国家政策同步，积极响应《“健康中国 2030”规划纲要》，确保其市场运营方向与国家医疗保障体系的战略目标相一致，以期将更多创新药物快速引入中国市场，惠及亿万民众。

其次，企业需强化与医疗机构的合作伙伴关系，深入探究中国患者尚未得到满足的治疗需求，主动推进并实施临床研究，以加快新药在中国的研发和审批速度。

面对创新药物的竞相上市，企业亟需制定一个全面且系统的市场准入策略和产品推广策略。依据临床研究和真实世界研究的数据，分析总结产品在疗效、安全性、便利性等方面的差异化优势，对产品进行精准定位，并有效地将这些信息传达给医疗专业人员，以便患者能够尽早获得更好的治疗。同时，企业也需要关注产品的生命周期管理，进行长远布局。

近年来，众多国际知名药企与中国本土生物制药企业建立了战略伙伴关系。此类合作模式不仅加速了新药的研发和上市进程，也促进了企业对中国市场的深入理解和适应。同时，跨国合作为中国原创药物的国际化提供了强劲动力，推动了中国创新药物在全球的注册、认可和应用。

针对中国庞大的患者群体，提升患者对疾病的认知和疾病管理能力至关重要。例如，通过与第三方平台合作开发的教育应用程序，提供详尽的疾病信息和治疗建议，同时配备治疗后的定期随访提醒功能，协助患者科学管理疾病。此外，与医疗机构合作开展健康讲座和患者教育项目，为患者构建与医疗专业人员直接沟通的桥梁。分享真实的患者故事，为其他患者提供情感上的支持和行动上的启发。这些综合措施不仅为患者提供了知识和信息上的支持，更从精神层面上赋予了力量和希望，助力他们在抗击疾病的道路上稳步前进。

合作与共赢是未来发展的核心。 企业应与医疗系统、科研机构、医疗机构等建立长期的战略合作伙伴关系，共同推动新药的研发和临床应用，通过信息共享和数据积累，使更多患者受益，提高他们的生活质量，实现健康中国的宏伟蓝图。

6 品牌战略制定

在本章中，我们将深入探讨：

- 品牌战略的定义
- 什么是品牌精髓
- 品牌价值观的含义是什么
- 品牌定位的含义是什么
- 制定品牌战略的关键因素
- 制定品牌定位的指导方针
- 品牌战略的制定方法
- 进行市场调研时应注意哪些指导原则
- 常见问题与解答
- 旨在提升战略规划技能的实践活动
- 本章所用术语定义
- 推荐阅读材料
- 编者按

品牌战略的定义

品牌战略从整体上定义了在客户心目中需要构建的重要联系(包括功能性、情感性、有意识和无意识的联系)。这些联系基于你对概念目标群体态度和信念的深刻洞察,旨在描述品牌所代表的意义。

品牌战略为品牌承诺的独特交付提供方向。包括传播努力在内的所有品牌交付方面,都应支持品牌战略。在医药营销中,品牌战略有三个关键组成部分——品牌精髓、更为形象的品牌价值观,以及品牌定位。

什么是品牌精髓

品牌精髓用一句话定义了品牌所代表的意义。它总结了我们希望与品牌关联的核心意义。它是所有关键产品属性以及品牌无形方面的整合结果。它基于关键洞察,并且只有在理解了客户心目中需要构建的联系(无论是功能性、情感性、有意识还是无意识的)之后,才能得出这一结果。

品牌价值观的含义是什么

品牌价值观是顾客和消费者认同品牌的主要属性,以及反映他们对品牌认知的主要个性特征。这些价值观直接或间接地为品牌传递提供基调和情感上的连续性。

品牌定位的含义是什么

品牌定位与产品定位的区别是什么？这是否重要？通常，这些术语可以互换使用，意味着它们本质上具有相同的含义。然而，为了充分利用这些战略营销概念的价值，我们需要对它们进行区分。

最初，Aaker 将“定位”定义为“使产品或服务适应广阔市场的一个或多个细分市场的艺术和科学，从而使其在竞争中有意义地脱颖而出”。然而，Reis 和 Trot 给出了不同的定义。尽管他们一致认为“定位源自产品”，但他们得出的结论是“定位不是你对产品做了什么，而是你对潜在客户心智所做的事情。”我倾向于这一观点。

品牌定位声明阐释了产品的战略意图，而定位代表了已经取得的成就，同时也指推动实现这些成就的活动。太多的公司在制定战略时，似乎忽略了竞争对手的存在。顾客有自己的选择清单，如果一种产品在顾客的选择清单中占据了明确且无可争议的位置，那么顾客心中就没有空间容纳定位相同或类似的其他产品，因此他们可能会对其他产品的需求打折或直接拒绝。

因此，在规划阶段，让我们达成共识：定位指的是品牌在市场中的形象（即与产品相关的正面和负面联系），而品牌地位是你希望品牌在市场中拥有的地位。这通常包括产品应被推荐给哪些人，在什么场合或情况下对产品的描述，产品的优势，以及让客户相信优势的理由。差别虽微妙，但能否区分它们至关重要，这关系到品牌的影响力。

这种区分的意义在于，将重点从在品牌计划中正确阐述品牌定位声明，转向确保所有沟通和行动都与战略品牌定位完全一致。清晰、一致且引人注目的信息是实现所需品牌定位的唯一手段。无论由谁进行沟通——无论是广告、公司代表、包装、关键意见领袖、首席执行官还是前台——都可能影响客户对品牌定位的看法。

制定品牌战略的关键因素

任何品牌战略的关键要素包括以下内容：

目标需求状态

需求状态通常被描述为你的品牌所瞄准的医生目标，是由患者和医生之间的互动产生的。

概念目标

概念目标通常用人口统计学或心理学术语来描述，指的是最有潜力使用你产品的医生（或客户）群体。有时，概念目标既包括医生也包括患者。当然，你希望所有医生都能开处方你的产品——但这并不意味着应该在概念目标的描述中包括“所有医生”。概念目标不排除其他医生[和（或）情况]；它只是描述了核心群体。你需要对这个核心群体有具体了解，以制定有效的沟通策略。

关键客户洞察

品牌能够最好地满足目标群体的愿望和需求。

核心品牌价值

品牌的核心价值是品牌存在的根本要素，不可妥协。它们直接或间接地为所有沟通提供调性和情感上的连续性。

品牌本质

我们必须将单一的概念具体化，捕捉到希望品牌所代表的精髓。我们必须找到突出性与意义之间的平衡。为了明确那个重要的概念，我们需要深入了解客户的思想（概念目标），并从他们的角度理解品牌的真正价值。

品牌定位声明

品牌定位描述：

- 能够传达产品目标患者的理由。
- 从情感角度，与理性相关性理由。

战略品牌定位不是“品牌 X 将成为适应证 Y 的一线药物”。任何品牌的战略定位都需要你明确以下内容（见图 6.1）。

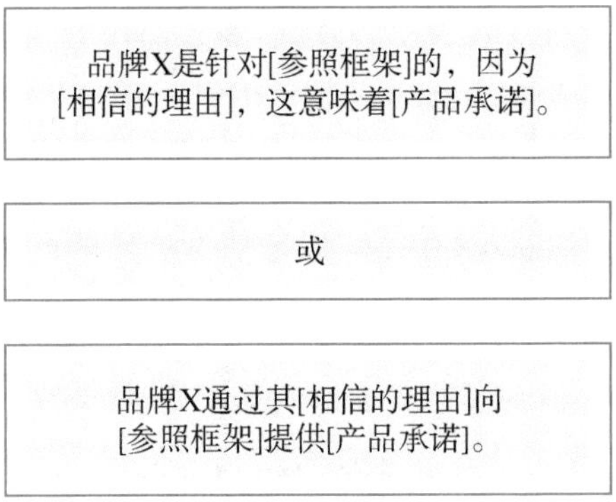

品牌X是针对[参照框架]的，因为[相信的理由]，这意味着[产品承诺]。

或

品牌X通过其[相信的理由]向[参照框架]提供[产品承诺]。

图 6.1　未来市场的规模和潜力

关键信息

这些是令人信服的论点，说服医生（或目标客户）提升产品观念，使医生对产品有新信心从而处方产品。

制定品牌定位的指导方针

参照体系

对于新产品来说,参照体系尤为重要,因为它为医生、其他医疗专业人员和患者提供了新药的背景。参照体系可以是需求(例如泰诺是止痛药),也可以是目标市场描述(例如福善美针对绝经后妇女),也可以是产品类别(例如科扎尔是 ACE 抑制剂)等。参照体系通常是“平价”关联的点。参照体系很重要,因为没有产品可以大规模地销售给所有人群。

描述参照体系的不同方法包括:

- **通过使用或需求的方法:**当竞争对手不在产品类别内或产品属于创新类别时,这是一种非常有效的方法,即它创建了一个新的类别。

案例:

当百得公司推出 Snakelight,一种创新的手持手电筒解决方案时,他们的营销策略展示了产品在多种非传统场合的应用,拓宽了消费者对产品用途的认识。

大约 20 年前,3M 公司推出了 Post-It 便笺纸。当时市场上并没有现成的使用场景、需求或利益框架。3M 公司通过示范、免费试用和实验,创造性地建立了一系列的用途和应用,从而塑造了产品的独特价值。

金宝汤公司通过广告和营销活动,将自己定位为午餐时间的理想选择,并利用中午广播时段来加强这一品牌形象。

家乐氏的谷物营养棒则被定位为早餐时的快速能量来源,特别适合那些早晨匆忙的人们。

贝尔电话公司通过其广告活动“呼出并联系某人”,将长途电话服务与亲友保持联系的情感需求联系起来,从而增强了服务的情感价值。

- **按产品类别划分的方法:**这一类别有两种选择。第一种也是最不传统的方法是使用参照体系将产品定位在与现有或主导类别相对的位置，作为潜在客户做出决策的心理基准。另一种选择是通过技术创新或技术本身打造一个类别,可能与原始类别并存——如黄油和人造黄油;或者完全取代原始类别——如 CD 与黑胶唱片。这一类别内的第二种选择是产品本身创造了一个全新的类别。因此,如果一家公司拥有真正的新产品或创新品类,最好告诉潜在客户它不是什么,以创造新的“思维空间”。

案例:

在碳酸软饮料市场中,七喜是一个极为罕见且成功的案例。在一个几乎被可乐饮料占据 2/3 市场份额的时代,七喜采取了非传统的市场策略,它没有直接与可乐竞争,而是将自己定位为“可乐的第一替代品”。这种独特的定位策略帮助七喜在消费者心中建立了独特的品牌形象和相关性。

另一个例子是那些以“便宜又愉快”著称的低成本航空公司。它们不仅在市场上与规模更大、更为成熟的大型航空公司竞争,还将火车和公共汽车作为潜在的替代交通方式。这些航空公司的关键优势在于成本效益,而非便利性或舒适性。

与此相反,高速列车如“欧洲之星”或“美铁”,与传统航空公司相比,它们提供了一种成本和时间效率更高的替代方案。高速列车的价值在于能够提供更快捷、更舒适且成本更低的旅行体验,这体现了时间价值决策的经典权衡。

- **按产品用户的方法:**这是基于产品用户本身的参照体系。当它起作用时,用户定位策略即是有效的,因为它可以将定位与细分策略相匹配。

案例:

化妆品公司经常采用特定的市场定位策略来吸引目标消费者。诺斯盖尔的封面女孩系列以其“邻家女孩”形象,成功塑造了健康、自然(通常是金发)女性的代名词。而露华浓则选择了“更成熟的女性”作为其市场定位。

此外,一些饮料或时尚品牌通过与知名人士的关联来提升品牌形象。例如,耐克的“Air Jordan”系列产品通过与迈克尔·乔丹的关联,将“Just Do It”的品牌精神与顶级运动员形象结合。

品牌还可能选择与可识别的群体关联,如帝威斯、雷米马丁或米勒淡啤酒。传播策略强调与个人特性或群体的认同,无论是真实的还是理想化的,以建立消费者与品牌之间的联系。

- **按竞争对手的方法:**你也可以比照一个竞争对手建立一个参照体系,从而定位一个品牌。这和按产品类别进行定位相似,然而,在这种情况下,你需要从同一类别中挑出一个特定的竞争对手进行参照。

案例:

安飞士租车公司(Avis)是一个经典的市场定位案例,它通过承认自己是汽车租赁行业的第二选择,并以此为基础,建立了自己的品牌形象。Avis的口号“我们是第二,所以我们更努力”(“We try harder”)是一个典型的反对定位策略,这种策略强调了公司虽然不是市场领导者,但因为这种地位,会更加努力地提供服务。

汉堡王(Burger King)和百事可乐(Pepsi)也采用了类似的策略,将自己定位为挑战行业领导者的角色。汉堡王通过对比其产品与麦当劳的产品来吸引消费者,而百事可乐则经常通过与可口可乐的比较来突出其产品的特点。

在家用产品领域,如肥皂和厨房纸巾等,许多品牌也采取了类似的市场定位策略。

- **按品牌承诺的方法**：接下来你需要确定你的产品带来的好处。它可以是功能性的——例如“强大的、安全的”等，也可以是心理上的——例如“获得自由，实现你的潜力”等。这就是“那又怎样”或“对他们有什么好处”。根据治疗领域的不同，获益可能是针对医生（即他/她为什么要开处方你的产品？）或患者（他/她为什么要使用你的产品？）。最有效的方法是找到一种能让所有顾客产生共鸣的好处，且它必须是相关的和引人注目的。

案例：

这里有一些很有意思的药物例子，比如福善美（fosamax），它致力于“保持祖母的体力”，以及舒利迭（Seretide/Advair）——用于治疗慢性阻塞性肺疾病（COPD），其承诺能够让患者“忘记肺功能恶化的日子，使生活更加美好”。

有时，这种承诺可能包含不止一种益处。然而，我们的目标是在确定参照系的情况下，识别最显著的属性——即那些对目标受众来说最重要的属性，是他们做出决策的依据，从而使竞争对手很难对此进行正面攻击。

曼恩和普卢默在对阿司匹林市场的分析中，指出了不同品牌如何通过不同的产品承诺来区分自己。例如，Anacin 通过将自己定位为一种“配方”，强调其含有少量但高效的多种止痛成分，从而区别于其他品牌如拜耳和 Bufferin。Anacin 的承诺是，这种配方能够更快、更有效、更安全地缓解疼痛，这是其对目标受众来说最重要的属性之一。这种策略不仅帮助 Anacin 在市场中建立了独特的品牌形象，也为其在激烈的市场竞争中赢得了一席之地。

案例：

苹果公司。尽管 IBM 这个巨人无法被直接取代，但苹果的产品承诺围绕着一个关键的区别和对用户的好处——作为一台"使用友好,具有亲和力的计算机"。因此,苹果的一切,从品牌标志到脚踏实地的创始人,都实践了这一独特的承诺。

宝马则以产品属性作为建立品牌承诺的基础——"卓越的操控性"属性转化为"更大的驾驶满意度"的客户利益,最终转化为他们的口号"BMW,纯粹驾驶乐趣。"

- **令人信服的理由:**人们通常基于逻辑做出判断。如果陈述合理,他们就会信任你;如果陈述缺乏逻辑或显得夸张,他们就会怀疑。因此,一个有说服力的理由至关重要。在营销中,这需要明确产品的独特之处,并展示这些特性如何转化为消费者所看重的实际好处。有力的论据是支持这些好处的关键。

案例(假设性的):

对于有小孩的父母,阿莫西糖浆是一种可信赖的抗生素,它以香蕉味掩盖药物苦味,确保孩子们愿意服用,从而保护他们免受疾病侵害。

对于18～65岁的男性,伟哥是一种能够提升性能力的药品。它不仅具有实际效果,还能激发男性的自信,提醒他们生活可以更加精彩。

- **如何制定品牌战略:**公司销售产品,而营销人员推广品牌。品牌化战略不仅仅是销售产品,它要求超越产品本身,创造并传达产品的意义。意义不仅关乎描述或措辞,而且从客户的角度理解产品,它是品牌的核心。

案例:

我们选择可口可乐还是百事可乐,这很重要,因为它们各自代表了不同的意义。可口可乐代表经典,是传统茶歇的代表。而百事可乐代表未来,象征青春和无限可能。这种差异的描述,更多地反映了它们所代表的品牌形象,而不只是它们作为饮料的本质。

那么,在实践品牌化战略时,应该遵循什么样的范式呢?我们建议:

- **始终以客户为中心,而不是围绕既定的战略或广告代理机构的偏好来制定营销策略。**
- **深入了解品牌含义,并能够清晰地向目标客户群体传达这一含义。**品牌含义应该既具体又具有普遍性,既易于执行又足够灵活,以适应不同的市场和消费者需求。以下是实现这一目标的步骤:
    - 首先,确定你的概念目标,即你希望品牌吸引的特定人群。
    - 确定概念目标后,选择关键洞察点,这些洞察点能让你的产品对客户有意义,并在深入理解的基础上与客户建立直观联系。

挖掘出与客户最紧密相关的洞察点可能是品牌战略制定中最具挑战性的任务。要深入理解并探索潜在的意义,需要对客户和消费者的生活有透彻的了解。这包括他们的日常体验和情感反应,以及他们对这些体验的感受和态度。你寻找的是能够串联成故事的线索。

在研究客户和消费者时,我们可能会发现三种不同的结果:

- 识别出哪些方面已经取得了积极的成果。
- 发现哪些问题尚未解决。
- 发现哪些方面表现不佳。

后两个领域揭示了潜在的品牌推广机会,因为它们暗示着改善的空间。任何对顾客或消费者生活产生影响的因素都是具有意义和相关性的。而那些能够带来正面变化的解决方案具有潜在价值。如果我们能够将观察到的、具有相关性和价值性的因素与品牌联系起来,这可能成为一个品牌机遇——只要我们能够将产品与这种价值相联系。这种洞察力就是所谓的关键洞察。概念目标的描述、关键动车和目标需求状态时制定品牌策略的基础。

图 6.2　品牌策略示例

你应当找出涵盖以下领域的关联(见图 6.2):

- 明确品牌与目标消费者需求之间的联系。为此,自问:这个品牌对目标消费者有何意义?它提供了哪些价值?它的优势是什么?这些可以通过产品的功能特性或象征意义来表达。
- 界定品牌与竞争对手的区别。为此,自问:这个品牌有哪些独特之处,使其在目标消费者眼中与众不同?
- 确立品牌信誉的依据。为此,自问:我们的产品有哪些特质,能够证明其可靠性——这些特质是否能够满足客户的关键需求?
- 塑造品牌个性,以吸引目标客户。为此,自问:品牌如何与目标消费者建立情感联系?品牌的个性特征是什么,如何与消费者产生共鸣?

案例:

迈克·佩林(Mike Paling)在其著作《品牌药物》中,分享了帕林·沃尔特斯·塔吉斯(PWT)如何利用对医生内心世界的深刻洞察,成功塑造了英国昂丹司琼(Zofran™)品牌,并有效地对抗了强大的竞争对手格拉司琼(Kytril)以及其他价格更低廉的新品牌。昂丹司琼(Zofran™)之所以情感上与医生和其他医疗保健专业人员产生共鸣,是因为它能够减轻患者的痛苦,使他们能够更全面地照顾患者。

对于大多数品牌来说,开发与竞争对手既具有同质性又具有差异性的关联是至关重要的。研究表明,新产品的成功及其吸引注意力的能力,最佳预测因素在于其差异性。这意味着品牌需要在保持与市场现有产品一定程度的共性的同时，突出其独特的卖点或特性，以便在竞争中脱颖而出。

描述品牌的整体代表意义，以及其品牌核心价值观和品牌精髓。开发核心品牌价值的方法如下：

- 列出最能描述品牌本身及其对目标客户意义的词汇。
- 删除那些同样适用于一个或多个竞争对手的描述词汇。
- 对表达相同概念的词汇进行精简或优化。

最终目标是得到一个不超过三个词的列表，分别描述品牌的本质和对目标客户的意义。这些“价值观”应体现品牌的功能性、差异化、可信度和情感联系。

对于品牌核心，用一句话或简短几句话概括品牌所代表的内容。确保所有联想、品牌价值和品牌主张之间的一致性。

最后，起草一份与战略目标和拟议的品牌战略相一致的立场声明。问问自己：

- 我描述的参考框架是否让客户立即理解产品的用途，同时保留将来扩展适应证或用途的可能性？
- 我们承诺的利益是否与医生和患者相关且有说服力？这是单一的利益还是多重利益？
- 我们的理由是否支持这些利益，并有助于将产品与竞品区分开来？

一旦你有了满意的立场声明，就可以开始制定关键信息，即客户需要相信的内容，以便实施你的品牌策略。

品牌战略的制定方法

那么，我们如何确定能将品牌的意义表达出来，使其与产品相关联呢？这就需要品牌指导。这种指导不同于执行，也不是蓝图。它是一种外观、一种感觉、一种能够捕捉潜在意义的感性认知。

意义可以通过多种方式来表达。既可通过语言(和声音)来表达,也可以通过图片和图像来表达,触觉和嗅觉也是潜在的表达方式。在思考如何表达意义时,将语言和视觉分开,并给予它们同等的关注,然后区分表达语言和视觉意义的主要方式,这是很有用的。这样的划分显示了明显的差异(见表 6.1)。

表 6.1 通过视觉和语言线索表达意义

语言方面	
命名	给产品赋予描述性或象征性的名称以反映其意义(例如:Nurofen)。
措辞	开发一套词汇,成为具有特殊意义并与品牌强烈关联的语言(例如:定义一个新产品类别)。
描绘	创作短语和句子(标语),独特地捕捉品牌意义,例如耐克的"Just do it"。
视觉方面	
象征	通过更抽象的图像和图形,包括字体,来传达意义(例如:Seretide/Advair 的标志)。
传达	通过品牌的动作和物体的变化(例如:Amoxil 品牌使用爆炸的虫子来传达其"杀菌作用")来传递意义。
动画化	例如,品牌使用动画化的方式来表达其意义。

在提供品牌指导的情况下,它当然可以作为评估所有营销传播活动的标准。该指导应该定义在传达品牌意义时所追求的标准。图 6.3 展示了假设的 Zofran™ 品牌指导。

品牌元素

品牌元素是那些可以注册为商标的装置,用于识别和区分品牌。它们将成为品牌指导的一部分。最常见的品牌元素包括品牌名称、标志、符号、口号、旋律(曲调)和包装。凯文·L. 凯勒提出的五个选择标准如表 6.2 所示。

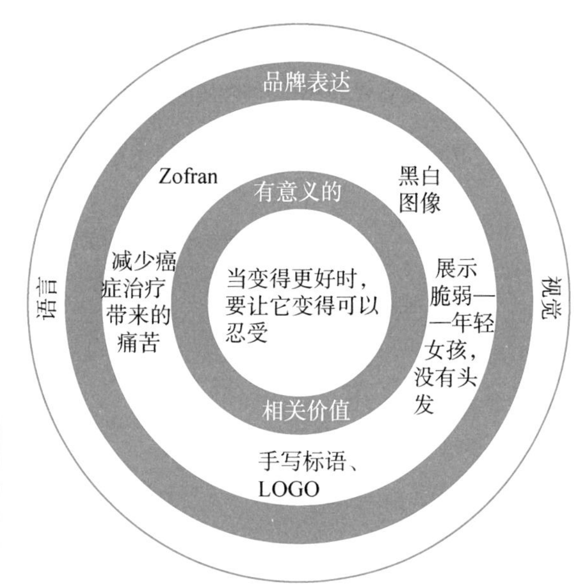

图 6.3　Zofran™ 假设性品牌指导

改编自《凯洛格论营销》中倡导的品牌设计方法

表 6.2　品牌元素选择标准

品牌建设标准	品牌保护性标准
记忆性原则	**传播性标准**
易于识别	在产品内及跨产品间
容易被想起	跨地理边界和文化差异
意义性	**适应性**
具有描述性的	灵活变通的
具有说服力的	具有时效性的
有趣的	
具有丰富的视觉和语言图像	
	保护性质
	合法合规的
	具有竞争性的

品牌建设关注变化，营销人员必须确保品牌意义随时间保持相关，并为

品牌寻找新的相关性。品牌建设是一种创造性破坏,随着客户和消费者生活的变化,它改变着产品相对稳定的意义。产品本身可以保持不变,但其意义却可能有所不同(见表 6.3)。

表 6.3　自测清单

品牌名称是否	标语是否
易于发音与拼写?	具有描述性质?
熟悉且有意义的,即它是否利用了现有的知识结构?	有说服力?
不同、独特且不常见?	强调了品牌目标定位/品牌的不同点?
强调某些品牌低纬度独特因素?	
标志是否	**一段旋律是否**
独特的?	与品牌独特性保持一致?
以某种方式美化或加强品牌意义?	传递品牌优势?
和品牌名称有很好的关联性?	打造一种令人愉悦的感受?
一个形象是否	**整体来看,是否**
视觉效果是否色彩丰富?	传达描述性和说服性信息?
传递品牌的主要优势?	是否与众不同的?
和品牌特征保持一致?	建立或强调了有价值品牌联系?
在品牌元素中过于突出或主导?	

整套品牌元素和联想可以被认为是构成品牌身份的元素。品牌身份的一致性取决于品牌元素和联想的一致性程度。由于品牌元素具有不同的优势和劣势,因此“混合搭配”品牌元素以最大化其对品牌价值的集体贡献是很重要的。记住,客户和消费者了解品牌意义的方式并不是通过单一媒介。随着了解产品的媒介越来越多,如何在复杂多变的环境中以整合的方式进行营销和沟通,使品牌不迷失其中,是一个挑战。我们将在第 7 章和第 13 章中进一步讨论这个问题。

品牌建设关注变化,营销人员必须确保品牌意义与时间保持相关,并为品牌寻找新的相关性。品牌建设是一种创造性破坏，随着客户和消费者生活的变化，它改变着产品相对稳定的意义。产品本身可以保持不变，但其意义却可能有所不同。

进行市场调研时应注意哪些指导原则

品牌研究的目的是帮助你识别并深入了解产品的概念目标。这包括理解他们对疾病的看法，他们选择的治疗产品或治疗类别，以及他们对自己和他人疾病管理能力的认知。

你正在探索客户对品牌可能实现的明确期望、深层次的渴望、需求、希望或恐惧。这涉及对目标市场的心理和情感需求的深入洞察，以及品牌如何能够满足这些需求。

常见问题与解答

人们常陷入哪些陷阱中?

- 认为品牌建设只在消费者主导的市场中才重要。
- 认为通过品牌名称和在全球范围内统一应用品牌图像就能实现全球品牌建设。
- 焦点利益选择不当(往往选择过多)。医药营销行业的人总是想对他们的产品面面俱到，他们似乎很难提炼出“焦点利益”。
- 使用规范性利益——即客户认为重要的那些利益，这些利益并非由于它们实际上影响行为，而是由于社会标准(例如，食品的营养价值)。规范性利益不是品牌选择的决定因素。
- 无法持续维护品牌地位。这是因为没有人尝试总结品牌精髓——品牌真正代表什么,以及其核心价值观。

- 最后一个常见的错误是,差异化的基础不可行;也就是说,它不与客户需求相联系,不是基于客户洞察。

旨在提升战略规划技能的实践活动

选择两个市场进行分析:

药品市场:选择一个品牌,并确定两到三个直接竞争同一市场的其他品牌产品。

非药品市场:同样选择一个品牌,并确定其直接竞争者。

获取产品样本,然后寻找这些品牌如何向市场传达观念的案例。对于每个产品,确定以下信息:

- 它的参照框架。
- 它的承诺。
- 相信这一承诺的理由。

这些信息可能是直接或间接传达的,因此不要错过一些细微的线索(例如,如果是一种非处方药——它与哪些其他产品放在一起?)。

现在参考其广告/信息传播,并决定他们如何试图使这与客户在情感上产生(有意义的)关联。这一品牌的战略基础是什么客户洞察?

本章所用术语定义

- **品牌承诺**:这是处方者向他的患者交付或接收(他/她自己)作为处方产品的回报。这种好处可以是功能性的(例如,有力地缓解)或心理上的(例如,使患者从他们的病情中解脱出来)。

- 品牌:存在于顾客心智中的感知实体,与产品或服务相关联。
- 品牌认知:我们希望与品牌联系在一起的关键含义。它是所有关键产品属性以及品牌的无形方面的整合。
- 品牌功能:特定品牌在目标顾客生活中扮演的角色。必须定义我们希望品牌扮演的角色,以满足市场上未被满足的需求。
- 品牌战略:品牌在顾客心智中预期位置的声明。它通常包括目标需求状态、概念目标的描述、关键洞察、品牌精髓、核心品牌价值、品牌定位声明和关键信息。
- 品牌价值:品牌存在的关键要素,不可妥协。
- 品牌元素:用于表达/代表和识别品牌的强制性设备。例如:品牌名称、标志、口号、字体、颜色、包装风格等。品牌元素为所有品牌关联提供了挂钩。品牌元素应尽可能具备以下特性:
    - 有意义的(即有效使客户理解品牌的意义,例如品牌的特性)。
    - 令人难忘的。
    - 受到保护的(例如法律可注册)。
    - 适应性强的(例如可以更新以保持/增强记忆性、有意义等)。
    - 可被转移的(例如跨文化或在产品类别内和跨产品类别)。
- 概念性目标:一个丰富/单一的肖像,捕捉品牌的完整受众。一个由共同价值观、单一外观、态度和愿望联系在一起的"自然"顾客群体。我们沟通的单一接入点。
- 关键洞察:概念目标最深层的愿望、需求、希望或恐惧,品牌能够最好地满足。
- 情感洞察:旨在探索顾客潜意识的定性研究,发现对疾病、可用治疗和现有品牌的根深蒂固的感受。
- 参照系:应该开药的产品的人群,或者是应该开药的情况或环境。
- 定位:与产品相关联的正面和负面联想。
- 产品定位表述:明确陈述以下内容。参照框架;有说服力的论点(承诺);论点的证据(相信承诺的理由);偶尔有一个更高层次的好处。

- 令人信服的理由:品牌定位声明中最关键的部分之一。它必须清楚地告诉处方者处方产品的好处是什么?理由必须是合理的。

推荐阅读材料

- AAKER DAVID A. Managing Brand Equity [M]. USA: MacMillan Inc, 1991.
- AAKER DAVID A. Building Strong Brands [M]. New York, USA: The Free Press, 1996.
- AAKER DAVID A. Brand Leadership [M]. New York, USA: The Free Press, 2000.
- BLACKETT T, ROBINS D. Brand Medicine: The role of branding in the pharmaceutical industry [M]. Hampshire: Palgrave Publishers Ltd, 2001.
- GOBE MARC. Emotional Branding [M]. Oxford: Windsor Books Ltd, 2001.
- IACOBUCCI D. Kellog on Marketing [M]. Canada: John Wiley & Sons, 2001.
- KELLER KEVIN L. Strategic Brand Management. Building, Measuring, and Managing Brand Equity [M]. New Jersey, USA: Prentice Hall, 1998.
- RIES A, TROUT J. Positioning: The Battle for Your Mind [M]. Singapore: McGraw-Hill International Editions, 1986.
- SCHULZ E. The Marketing Game: How the world's best companies play to win [M]. London: Kogan Page Ltd, 2000.

编者按

在任何一个处方药市场，品牌战略的制定是企业构建市场竞争力的核心。 它不仅塑造了产品在患者和医疗专业人员心中的形象，更是企业传递价值、建立信任和深化情感联系的重要工具。 在这一领域，品牌战略的精准制定能够显著提升产品的市场竞争力，帮助企业在众多竞争者中独树一帜。

品牌战略的制定要求企业深入洞察患者及其家属的深层次需求和期望。 在中国，随着医疗知识的普及和患者自我管理意识的提升，患者对治疗的关注已经从单纯的生存率转变为对生活质量和心理支持的全面考量。 因此，品牌战略需要在确保科学性和专业性的基础上，强调产品如何全面改善患者的生存体验，包括提高生存率、提高生活质量、减轻治疗不良反应，并提供全面的情感支持。 举例来说，可以通过真实患者故事的分享，使该品牌成功地与患者建立情感上的共鸣，传递了品牌对患者全面关怀的承诺。 这种以患者为中心的品牌沟通策略，不仅加深了患者对品牌的信任，也增强了品牌在市场中的吸引力。

在品牌战略的制定过程中，必须充分考虑如何在医生和患者之间建立信任关系。在中国，医生的建议对于患者的用药选择具有决定性影响。 因此，品牌战略需要强调产品的科学性、安全性和有效性，通过临床研究数据和真实世界证据来支持品牌的承诺，增强医生对品牌的信任。

此外，在如今整体趋势下，品牌战略的实施还需要企业充分利用数字化工具和平台，提高品牌信息的传播效率和互动性。 通过在线患教、患者社区和社交媒体等渠道以及患者关爱项目，收集反馈，及时调整策略，以更好地满足患者的个性化需求。

品牌战略的实施还需要企业不断创新和调整。 在快速变化的市场环境中，企业需要保持敏锐的市场洞察力，及时捕捉患者需求的变化和市场趋势的演进。 通过持续的市场调研和数据分析，企业可以更好地理解患者的行为模式和偏好，从而制定出更符合市场需求的品牌战略。

品牌战略的成功实施需要企业内部的协同合作。 从研发、生产到市场、销售推广，每个环节都需要围绕品牌战略展开工作，确保品牌信息的一致性和连贯性。 通过跨部门的沟通和协作，企业可以更有效地执行品牌战略，实现品牌价值的最大化。

品牌战略的制定是一项系统化、多维度的工作。 只有通过不断创新和调整以适应市场变化，才能在中国肿瘤医药市场中建立起强大的品牌影响力，为患者提供优质的产品和服务，实现可持续发展。

7 完成计划

在本章中，我们将深入探讨：

- 上市前策划与常规品牌策划有何区别
- 上市前品牌策划应包含哪些核心要素
- 整合营销传播的需求如何塑造上市前策划
- 如何精心制定上市前品牌策划
- 常见问题与解答
- 旨在提升战略规划技能的实践活动
- 本章所用术语定义
- 推荐阅读材料
- 编者按

上市前策划与常规品牌策划有何区别

在完成市场内外环境分析后,我们对即将进入的市场有了深刻理解,并能准确把握自身的竞争地位。通过战略目标和品牌策略,我们明确了产品或服务上市前希望实现的目标。上市前品牌策划是一份整合了实现这些目标所需执行的战术的文档,旨在确保产品上市时能够迅速占据预定的市场位置。

"上市前"阶段的价值驱动因素包括:

- 战略和规划。
- 市场调研。
- 市场布局。
- 企业准备。
- 产品价值探寻(包括监管和报销策略)。
- 生命周期管理。

上市前品牌策划应包含哪些核心要素

关键成功因素(CSFs)

这些在你控制范围内的因素是决定未来市场能否成功的关键。专注于这些要素,将确保品牌从现状发展至实现战略目标和确立市场地位。这些要素将包括两到三个关键品牌驱动因素(Key Brand Drivers)和优先成功因素(Priority Success Factors)。关键成功因素(Critical Success Factors, CSFs)有助于各团队协同工作,有效执行上市前策略。普遍观点认为,关键成功因素的数量应控制在五个以内,以确保战略的精准和执行力。

非财务目标

非财务目标是上市前整体营销计划中与各个关键成功因素(CSFs)相关联的待办事项的明确陈述。这些目标应以明确且可量化的结果形式定义。一个优秀的非财务目标应具备可量化性,明确指出目标市场,并设定实现目标的具体时间框架。为了确保非财务目标的有效性,它们必须是切实可行的。

对于每个关键成功因素,通常只需设定一到两个主要结果或目标。同时,可能还会有一些辅助目标,这些目标与为解决特定问题而必须采取的行动相关,这些问题的解决将有助于实现主要目标。重要的是,不应将辅助目标与主要的非财务目标混淆。

在营销计划的制定过程中,许多人在设定现实的目标这一关键步骤上面临挑战,这些目标将指导上市前计划的制定。虽然目标设定可能是一个复杂且具有挑战性的任务,但正确完成它是至关重要的,因为具体的目标构成了所有计划和预算决策的基础。

市场营销计划

品牌资产的构建主要源自与品牌紧密相关的营销活动,以及每一位与客户接触的个体的日常行为。这些营销活动,即营销计划,应在关键成功因素(CSFs)和相关非财务目标的指导下进行策划。营销组合本质上是一个概念性框架,旨在辅助构建营销计划的结构。存在多种营销组合方法,如4P、5P、7P等,每种方法都有其局限性。因此,深刻理解支撑这些营销组合模型的关键原则至关重要:众多构成营销计划基础的要素,均与品牌息息相关,这也正是为何需要对它们进行细致考量。

接下来,我将讨论4P模型作为基础而实用的框架,并探究其在制药行业中的实际应用。

4P 营销组合

- 产品策略(Product Strategy):产品居于品牌资产的核心地位,是塑造消费者和客户通过患者反馈所体验的品牌价值的关键。产品策略是全球营销团队沟通的中心,涵盖了与临床开发和产品开发相关的一系列活动,这些活动是产品生命周期管理计划的基础。对于本地运营公司而言,考虑开展本地临床试验项目,以提升产品体验并增加其市场价值。
- 定价策略(Price Strategy):此策略可视为确保产品价值实现的活动,涉及产品注册、报销流程,以及确保产品纳入当地药品目录的必要步骤。这通常包括定价策略和卫生经济学考量。
- 渠道策略(Place Strategy):产品在特定市场或地区的获批状态及其可及性和报销状态,对品牌权益和销售业绩有着显著影响。在全球层面,这涉及监管策略的设计和管理;在区域层面,则关乎市场准入策略的制定与执行。
- 推广策略(Promotion Strategy):营销传播是营销组合中极具灵活性的组成部分,是品牌与消费者及客户进行沟通、说服和提醒的手段。作为品牌的“声音”,营销传播通过建立对话和关系来与目标受众互动。在现代社会,可利用多样化的传播媒介来有效传递品牌信息。

营销传播是品牌的“声音”,是一种与消费者和客户建立对话和关系的手段。当今社会,你可以使用各种各样的传播媒介来传达你的信息(见图7.1)。

监管及控制机制

必须确立一套关键的度量指标,并据此采取相应措施,以确保上市前计划得以顺利执行。这些度量指标将覆盖关键计划的各个方面,包括我们期望在产品推向市场前达成的态度、信念和认知水平。设定明确的非财务目标至关重要,它们为评估上市前品牌计划的成效提供了基准。缺乏具体目

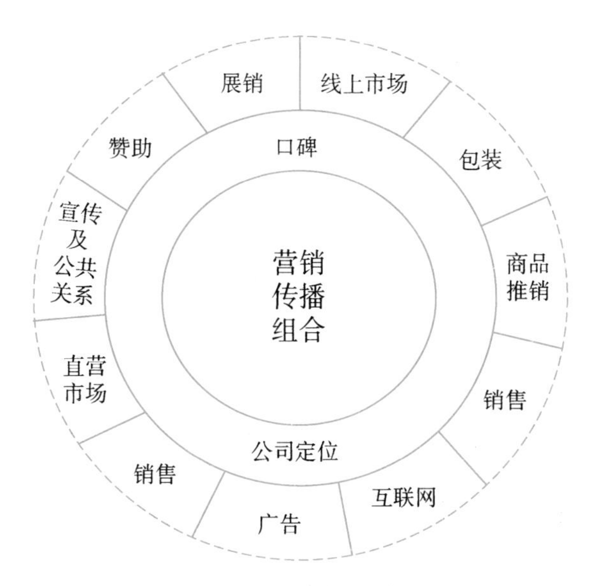

图 7.1 营销传播组合
来源：P. R. 史密斯和 J. 泰勒(2004)《营销传播》，第 4 版，伦敦：柯根佩奇出版社

标，我们将难以衡量营销计划所取得的实际成果。

整合营销传播的需求如何塑造上市前策划

第一点：整合营销传播(IMC)策略

需全面识别客户与公司、产品及品牌可能发生的所有接触点。每个接触点均有可能传递正面、负面或中性的信息。因此，应致力于在所有接触点上传递一致且富有建设性的信息。

第二点：多渠道利用

应充分利用可得的多种接触点，避免将营销预算过度集中于单一媒介。这要求采取创新思维，探索并运用多样化的营销工具。

案例：

百时美施贵宝(BMS)在 1991 年成功竞得紫杉醇的开发权。公司洞察到紫杉醇在肿瘤治疗领域有成为领先药物的潜力。当时,由于癌症治疗手段有限,肿瘤学家们常常探索不同的治疗方案和药物组合,广泛尝试超适应证的抗肿瘤药物。

推广策略。

至1992年,BMS在紫杉醇上市前与领域内的意见领袖建立了紧密联系。肿瘤学家对这一创新药物充满期待,并已积累了初步的临床经验。这一成果得益于精心策划的公关活动、深入的医学教育以及在产品上市前所进行的广泛研究。紫杉醇的宣传始终围绕“突破性新数据”和“即将面市”的核心信息。

产品策略。

紫杉醇的临床研究与市场策略紧密结合。研究团队按照BMS的市场导向进行研究设计,确保了所有发布的研究结果与市场策略一致,避免了市场信息的混乱。学术出版物和临床经验成为执行市场策略的重要工具。

通过密集的研究和发表策略,紫杉醇成功管理了其产品生命周期。1992年,紫杉醇作为二线治疗卵巢癌的药物首次上市。1996年,扩展了乳腺癌二线治疗及卵巢癌一线治疗的适应证。到了1998年,又新增了非小细胞肺癌的适应证。

紫杉醇最初以24小时住院输注的形式推出。1993年,BMS推出了3小时快速输注版本,使得该药物能够在肿瘤科医生的诊所或门诊环境中使用,且这一输注技术获得了广泛的专利保护。

定价策略。

BMS建立了一个行业领先的报销支持中心,旨在加速美国市场的治疗审批和支付流程。

渠道策略。

为满足医生办公室对注射用抗肿瘤药物日益增长的需求,BMS与axion合资成立了一家公司,直接将所有BMS的肿瘤产品供应到医生办公室。

最后，除了整合不同的推广和教育活动外，还必须将4P营销理论整合应用。例如，公司不能仅对产品实施高定价策略而不提供充分的数据支持。营销要素之间存在巨大的相互依存性，这要求我们在规划时必须慎重考虑。

如何精心制定上市前品牌策划

- **制定上市前营销计划的关键步骤**：在策划上市前营销计划时，首要任务是识别并确立产品发布所需达成的市场地位，以此为基础确定成功的关键因素。这些关键成功因素（CSFs）结合非财务目标，共同构成了上市前计划的核心。在战略制定和品牌策略决策过程中，需综合考量可利用的问题和机遇，并正式评估如何利用自身的优势和弱点来推进这一战略。若您所在的是全球营销团队，主要职责是识别并确立两到三个全球层面的关键品牌驱动因素和CSFs，确保公司在执行品牌战略时能够占据有利位置。同时，每个地方运营公司都应清晰识别并管理当地的区域性问题和机遇，利用本地洞察力独立界定本地CSFs，这些应包括两到三个由核心部门定义的品牌触发因素。
- **设定目标与品牌动力学金字塔的应用**：一旦对上市前业务的优先级关键成功因素有了清晰的认识，接下来便是设定具体目标。建议一次专注于一个关键成功因素，并运用华通明略的“品牌动力学金字塔”工具来辅助目标设定过程。该金字塔是一种衡量品牌资产、分析客户与品牌关系强度的工具，帮助识别最应关注的营销领域。使用此模型设定目标的方法是，针对每个CSF确定其在金字塔中的相应位置，每个CSF对应金字塔中的最多两个部分。这样做可以确保通过CSFs全面管理品牌建设过程。一旦明确了每个CSF在品牌建设中的作用，就能够更有效地设定恰当的目标。

案例:

假定我负责万艾可——一种治疗勃起功能障碍的药物——的上市前营销工作。在此情况下,一个关键成功因素(CSF)是确保我们拥有一个"广泛认可的配方",因为缺乏此类配方是许多人尚未接受治疗的主要障碍。

将此 CSF 与"品牌动力学金字塔"相联系,我发现它与"相关性"层面相吻合,同时建议在"优势"层面上也进行考量。这样,我选择了 CSF 在金字塔中影响的两个关键领域。

这种分析如何辅助我设定目标呢? 在"相关性"层面,我需要设定的目标是评估当一个"可接受的治疗方案"变得可用时,将有多少潜在患者可能会寻求治疗。随后,我将基于"优势"层面制定第二个目标,这个目标将与医生的处方偏好相关联。

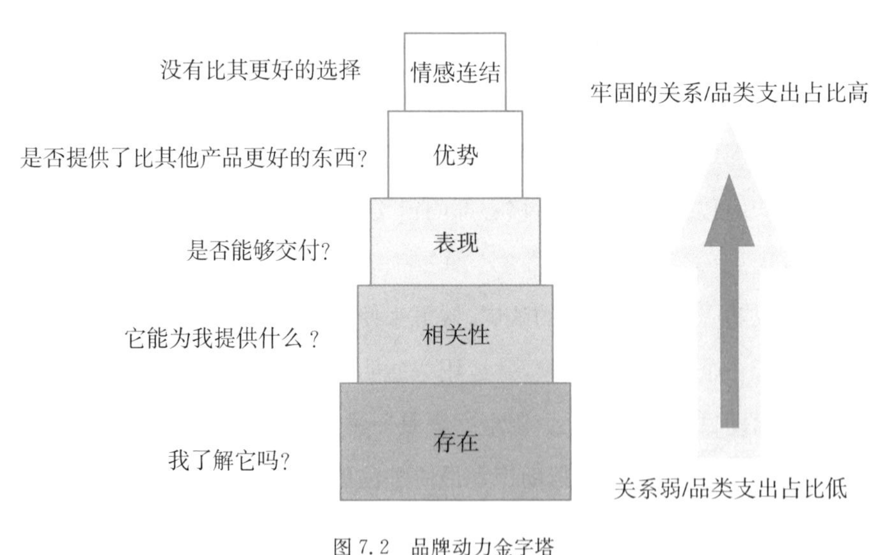

图 7.2　品牌动力金字塔

来自华通明略"品牌动力学™ 金字塔"

- 目标设定后的战略与战术选择:确立目标后,将面临众多战略与战术决策。决策应基于是否能够充分满足非财务目标的需求。

- 营销组合与品牌战略的整合：在深入规划各非财务目标前，必须细致考量如何确保营销组合的每个要素均与品牌战略相协调，以铺展营销计划的总体策略。
- 战术行动的详细规划：继续详细阐述为实现每个目标所需采取的战术。集中精力于单一目标，自问实现该目标的途径，并列出相关战术。
- 全面审视营销计划：为确保全方位考虑营销计划，以下问题列表将提供参考：
  - 是否已考虑所有上市前必要的临床前和临床工作，并将其与非财务目标相结合以支持这些要求？
  - 产品开发策略如何？例如，我们首先针对哪些适应证进行市场推广，随后又有哪些？上市时的用药方案及后续计划是什么？是否清楚了解实现目标的必需条件和理想条件？
  - 是否已确认所有必要步骤，以确保产品顺利注册、医保报销，并进入当地直接到患者药房(direct to patient pharmacy，DTP)？
  - 对于建议的上市前教育活动，我们是否有信心：

① 计划能否确保通过适当的沟通方式触及目标人群？

② 是否有足够机会让目标受众接触我们的沟通渠道？

③ 是否以成本效益的方式规划了传播活动？

④ 使用的传播工具是否能有效突出(确保传播的影响力)？

⑤ 正在使用的传播渠道是否支持并加强我们的品牌战略？

⑥ 信息接收者是否会被激励去改变他们的态度、观念或行为？

对全球和本地营销团队而言，上市前的营销传播将包括为市场和公司准备的教育活动。

- 战略成本的评估与监控机制的建立：现在，审视战略成本。若对投入的资金和努力以实现非财务目标感到满意，接下来应将注意力转向建立监测和控制计划实施进度的机制。

常见问题与解答

- 多少非财务目标可能是合适的? 我建议维持“专注”的理念,即对于每个关键成功因素,应限定最多两个非财务目标。这样做不仅保持了目标的专注性,而且也为在每个关键成功因素下设定里程碑提供了空间,以帮助你清晰界定通过每个 CSF 实现的具体目标。
- 面对可支持多个目标的活动规划时,如何规避资源的无效重复使用? 我的看法是,必须对每项活动的目标有清晰的认识——这要求我们在选择具体执行手段之前,先明确活动的目标。在推动团队全力以赴达成战略和战术目标的过程中,常会遇到阻力。我怀疑这种阻力源于在行动时对目的的不明确。换句话说,我们希望通过大量资金投入来解决问题,但并非所有投入都能产生预期效果。

旨在提升战略规划技能的实践活动

请梳理贵业务部门目前采用的所有上市前营销策略,并评估哪些最为关键。决定其重要性的标准是什么? 思考当前策略中是否缺少某些工具,以及缺少它们的原因。是否存在某些工具投入产出比不高,可能被视为资源浪费? 如果可以对这些工具按照其对实现非财务目标的贡献进行分类,将有助于更好地与战略目标对齐。

对于每个推广方式的资金投入,是否与对应的非财务目标相匹配,你是否感到满意? 如果需要重新分配预算,哪些推广方式将减少资金,哪些推广方式将增加资金? 这种资金的重新分配是否更有利于实现不同非财务目标?

本章所用术语定义

- 关键成功因素(CSFs):企业若要在竞争中立足并实现持续发展,必须识别并满足一系列关键成功因素。这些因素虽非最终目标,却是推动企业迈向商业成功的基石。
- 计划实施:制定战略的实施计划应详尽阐述所需采取的策略和行动。该计划应明确以下要点:
  - 旨在解决的非财务目标。
  - 实现这些目标的战略选择。
  - 必要的具体行动步骤。
  - 行动的优先级排序。
  - 行动责任分配。
  - 所需资源的分配(包括资金、人力、时间等)。
  - 行动的起止时间。
  - 最优先行动的成功或有效性评估方法及其时间安排。
- 关键战略:为确保战略得以有效实施,需制定一套关键的辅助战略。
- 成功的关键衡量标准:作为营销计划的一部分,这些标准用以反映目标实现的程度。
- 营销计划:包含旨在构建品牌资产的各类营销活动,涉及“营销组合”的各个要素。
- 非财务目标:对关键成功因素的具体表述,应具备以下特点:明确性、可量化性、挑战性、可达成性、限定时间框架内。
- 监视和控制:对实际进展情况进行跟踪,对目标、目标日期、战术和行动进行定期审查和必要的调整过程。

推荐阅读材料

- KELLER KEVIN L. Strategic Brand Management, Building, Measuring and Managing Brand Equity [M]. New Jersey, USA: Prentice Hall, 1998.
- KOTLER P. Kotler on Marketing: How to create, win and dominate markets [M]. Great Britain: Simon & Schuster, 1999.
- SMITH P R, BERRY C, PULFORD A. Strategic Marketing Communications: New ways to build and integrate communications [M]. London: Kogan Page, 2000.
- SMITH P R, TAYLOR J. Marketing Communications [M], 4th. London: Kogan Page, 2004.

编者按

随着患者人数的持续增长，对高效、创新药物的需求也日益迫切，这要求企业在品牌策划上紧跟市场趋势和政策导向，通过综合考量和精准执行，确保新药快速获得市场认可并实现商业价值最大化。

随着中国特有的疾病谱系和遗传特征被越来越多地纳入新药研发的考量，品牌策划已成为确保新药上市前具备良好市场适应性和吸引力的关键。 与本土医疗机构的紧密合作，不仅加速了临床试验的进程，也为药品的市场准入和医疗专业人员的推崇打下了坚实的基础。

其次，产品策略的制定必须在保障企业利润和确保患者支付能力之间找到平衡点。中国政府通过医保谈判和集中采购等措施，显著降低了许多药物成本，提升了更多药品的可及性。 因此，企业在制定定价策略时，需兼顾政策趋势和市场接受度，以维持药品的市场竞争力。

在渠道策略方面，互联网医疗的快速发展为患者带来了线上购药和远程医疗咨询的新选择。 企业应积极融合线上线下渠道，拓宽药品的覆盖范围，提高其可及性。

在推广策略上，整合营销传播（IMC）的运用对于传递一致的品牌信息至关重要。企业需要通过参与学术会议、发表专业文章、组织患者教育等多渠道活动，增强医疗专业人员和患者对品牌的认同，提升品牌的权威性和影响力。

监管和控制机制的建立对于确保策划方案的顺利执行至关重要。 通过设定清晰的度量指标和非财务目标，企业能够对营销计划的实施效果进行严格监控，并根据市场反馈及时调整策略，

关键成功因素（CSFs）的精准识别与目标设定是策划方案成功的核心。 企业应依据市场调研，明确推广的核心点和挑战，制定切实可行的目标。 例如，在推广新型诊疗方案是，提升医疗专业人员对免疫治疗机制的认知和增强患者对疗法的信任感，可以作为实现推广成功的关键。

在医疗改革不断深化和新药层出不穷的今天，企业必须灵活调整策划方案，以适应市场的快速变化。 通过精确的市场定位、创新的推广手段和有效的监管措施，企业能够在竞争激烈的市场中突出重围，为患者提供更多治疗选项，实现商业价值的最大化。

我们可以看到，上市前品牌策划是一个需要不断自我完善和适时调整的系统工程。策划者需要具备敏锐的战略洞察力和灵活的策略调整能力。 在中国处方药市场蓬勃发展的今天，精心的策划和高效的执行是新药成功上市的决定性因素。

8 回顾市场规模、价值和竞争对手动态

在本章中，我们将深入探讨：

- 核心问题是什么
- 分析完成后获得的可交付成果是什么
- 哪些思维框架有助于我们进行市场回顾
- 应该如何进行评估
- 最大限度地发挥市场调研的作用
- 常见问题与解答
- 旨在提高评估市场规模技能的实践活动
- 本章所用术语定义
- 推荐阅读材料
- 编者按

核心问题是什么

对于在线产品,重点是聚焦目标需求状态和(或)患者群体。对于"目标患者群体"和整体市场,需回答如下问题:

- 接受治疗的人数是在增长还是在减少?增长或减少的幅度是多少?这是否符合我们的预期?若不符合,差异是否显著?
- 是什么导致了增长或者减少?例如,如果接受治疗的人数在增长,这是否是因为更多的患者被诊断出来并因此接受治疗?还是因为医生开了更多的处方?我们做出的假设是否成立?如果不成立,需要做什么调整?
- 患者在进入医疗系统、被诊断、获取处方、接受特定治疗类别和(或)品牌方面的情况是否与我们的预期不同?如果不同,差异在哪里?
- 患者的价值是否发生了变化?例如,治疗时间是否增加/减少?治疗这些患者的日均成本是否发生了变化?
- 哪些品牌在市场上领先,哪些落后?这是否符合我们的预期?

分析完成后获得的可交付成果是什么

完成这项分析后,你将了解:目标患者群体和整体市场的当前及预期未来规模;目标患者细分市场的当前以及预期未来价值;以及整体市场价值。这将作为第12章中讨论预测的基础。

哪些思维框架有助于我们进行市场回顾

- 患者流分析：患者流分析是什么样的呢？患者流的结构可能会根据治疗领域不同而有所不同。首要需要确定影响患者从疾病表现到接受药物治疗的关键决策点。图 8.1 举例说明了持续性哮喘（哮喘市场的一个细分市场）的患者流。这与之前患有心肌梗死的慢性心力衰竭（CHF 市场的一个细分市场）的患者流形成对比（见图 8.2）。

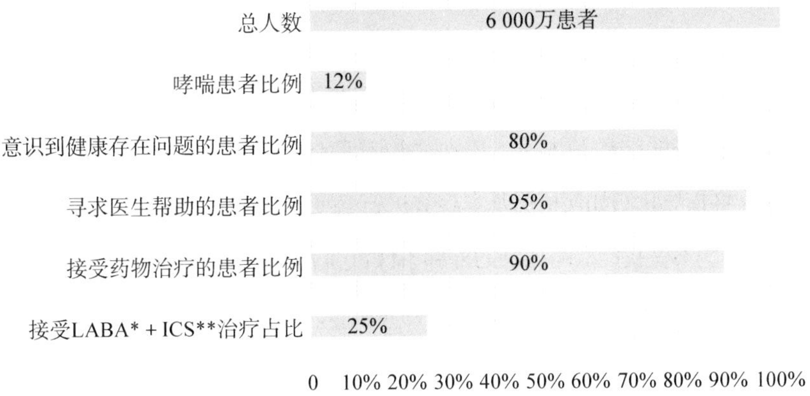

总人数 6 000万患者

哮喘患者比例 12%

意识到健康存在问题的患者比例 80%

寻求医生帮助的患者比例 95%

接受药物治疗的患者比例 90%

接受LABA* + ICS**治疗占比 25%

0 10% 20% 30% 40% 50% 60% 70% 80% 90% 100%

* LABA（长效 β 受体激动剂）

** ICS（吸入性糖皮质类固醇抑制剂）

图 8.1 持续性哮喘的患者流图示

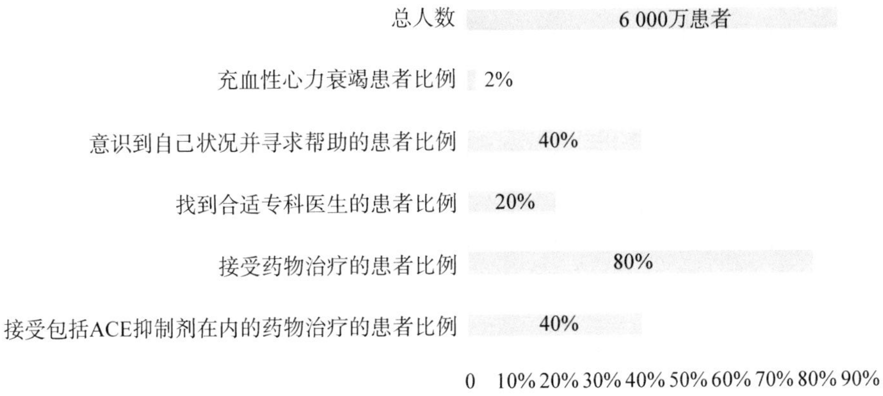

总人数 6 000万患者

充血性心力衰竭患者比例 2%

意识到自己状况并寻求帮助的患者比例 40%

找到合适专科医生的患者比例 20%

接受药物治疗的患者比例 80%

接受包括ACE抑制剂在内的药物治疗的患者比例 40%

0 10% 20% 30% 40% 50% 60% 70% 80% 90%

图 8.2 患有充血性心力衰竭（曾患心肌梗死）的患者流图示

- **竞争对手分析**：由于本分析方法关注竞争环境，其核心目的在于深入洞察目标患者群体中与我们产品形成竞争的特定处方药。我们需细致考察这些竞争产品在市场中的表现，具体来说，就是它们在患者选择机会以及整体市场价值中所占据的份额。

间接竞争对手将作为潜在威胁（如果它们满足了未被满足的需求）进行管理。当试图评估实际市场时，他们不被包括在内。

- **关键趋势分析**：为了确保你的预测是基于当前市场的形态和性质，以及未来可能发生的变化，此类分析也是十分必要的。通常来说，只有当你在对现有市场有充分了解后，才能够完成关键趋势分析。

在对未来的解读中，思考、辩论和讨论的质量是非常重要的，只有这样才能令这种分析更有价值。

在展望未来市场时，我们面临的挑战在于辨识那些关键因素——它们有可能显著地改变市场的结构和本质。识别这些因素对于我们制定明智的策略至关重要，因为这将指导我们如何根据基本趋势进行必要的调整。在此过程中，我们特别需要关注那些不受我们战略控制的外部事件，它们可能会对市场产生深远的影响。

对于“未来”来说，没有确定的事。最好的情况是，你对于某个事件将发生有很高的确定性：(a)某事件将会发生，以及(b)该事件对你的目标患者群体的影响。那些既有高影响又具有高确定性的事件被称为关键趋势。在某些情况下，事件本身或其影响可能存在一定程度的不确定性——这些事件将被称为关键不确定性。

未来的市场规模和价值是基于这些关键趋势进行预测的。关键不确定性可以纳入正面影响或负面影响的预测中。

应该如何进行评估

使用与表 8.1 中相似的结构。

表 8.1 潜在患者数据

	年- 3	年- 2	年- 1	当下	年+ 1	年+ 2	年+ 3	年+ 4	年+ 5
人群患病率百分比 发病率百分比 总人口 每部分/每群体 诊断百分比 治疗百分比 按相关类别治疗的百分比									
接受类别治疗的患者									
每日治疗成本 平均治疗天数									
市场/细分市场价值									

根据你所针对的“需求”,描述相关的不同患者亚组:将其视为细分市场。

更新每个细分市场的患者数量。

- **如果你还没有患者流,请设计一个患者流结构。**这个结构需要适用于目标患者群体以及整个市场。这就需要你了解从疾病发作到患者接受治疗的过程中,影响患者的重大决策点。这与建立基于流行病学的预测模型的方法相同。你可能会发现以下问题很有帮助:
    - 大家是否在寻求治疗?
    - 他们是否去医院就医?
    - 他们的病情是否容易识别?
    - 他们是否得到药物治疗?
    - 他们是否得到了“合适的”药物治疗?
- **现在,关注事实:**
    - 总潜在人口增加/减少了吗? 输入最新数据(见表 8.1)。
    - 对于每个细分市场(患者亚组):患者的情况是否发生了变化——例如,是否有更多的人寻求治疗、得到诊断、获得处方等? 输入最新的数据(见表 8.1)。

- 现在将重点转向未来(关键趋势分析的影响)(见表 8.2)。

表 8.2 潜在趋势预测

关键趋势	带来的影响				什么时候				
					年+ 1	年+ 2	年+ 3	年+ 4	年+ 5
趋势 a 趋势 b 趋势 c 等	被诊断的百分比 接受治疗的百分比 没有影响								
修正后的数量 接受相应治疗类别 治疗的患者									
修正后的市场/ 细分市场价值									

- 是否有新的事件或趋势会影响未来市场的“规模”? 如果有,请记录它们并细化你对未来市场规模的估计(见图 8.3)。

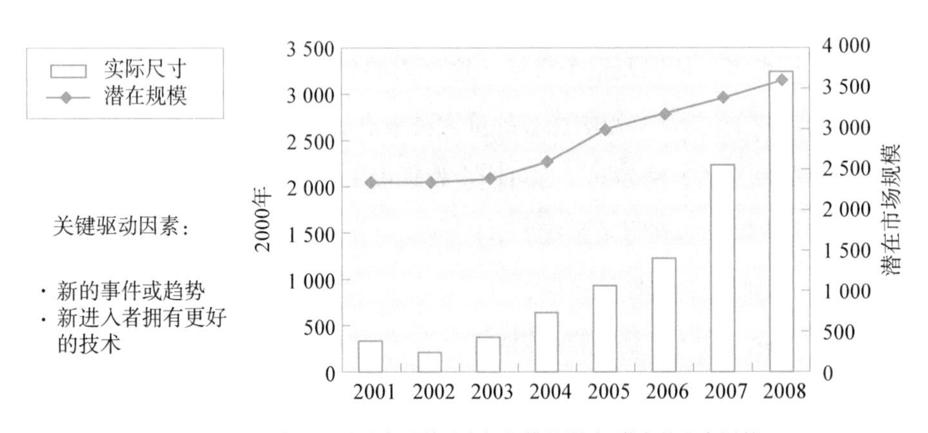

图 8.3 主要市场驱动因素及其对市场规模的影响(潜在的和实际的)

更新细分市场的价值。

- 对于每个细分市场(患者亚组),确定你正在与谁竞争该处方。谁是相关的竞争对手? 应该包括多少? 应该考虑哪些竞品? 你最好通过与客户交流来回答这些问题。
  - 向一组客户描述细分市场(患者亚组)。询问他们在每种情况下最常使用哪些产品。

- 向另一组客户提供一份产品清单，并询问他们在每个细分市场（患者亚组）中使用该产品的可能性。
- 根据他们对细分市场（患者亚组）中的适用性来定义你的竞争集。

- **一旦列出了你的竞争对手，你需要收集这些产品的销售数据。** 如果这些产品用于多个细分市场，则需要考虑如何将其销售数据分配到相关细分市场，以便能够确定每个细分市场的实际价值（见表 8.3）。

表 8.3 为不同的市场细分分配价值

品牌列表（总价值）	细分市场 1	细分市场 2	细分市场 3
品牌 A（1亿美元）	8千万美元	1千万美元	1千万美元
品牌 B（5亿美元）		5亿美元	
品牌 C（8亿美元）		7亿美元	1亿美元
品牌 D（9亿美元）	1亿美元	2亿美元	6亿美元

- **现在，关注以下事实：**

这些竞争对手的最新销售数据是什么？输入数据。这如何影响总市场和目标细分市场的价值（是增加还是减少）？

- **接下来，考虑未来（关键趋势分析的影响）（见表 8.4）。**

表 8.4 修正后的价值预测

	年-3	年-2	年-1	当下	年+1	年+2	年+3	年+4	年+5
基本趋势									
修正后的数量 接受相应治疗类别治疗的患者 （关键趋势分析）									
修正后每位患者的平均治疗价值 每位患者的机遇									

(续表)

	年-3	年-2	年-1	当下	年+1	年+2	年+3	年+4	年+5
修正后的市场/细分市场价值									
假设/前提条件									

- **是否有新的事件或趋势会影响未来市场的“价值”?** 如果有,记录它们并细化你对未来市场价值的估计(见图 8.4)。

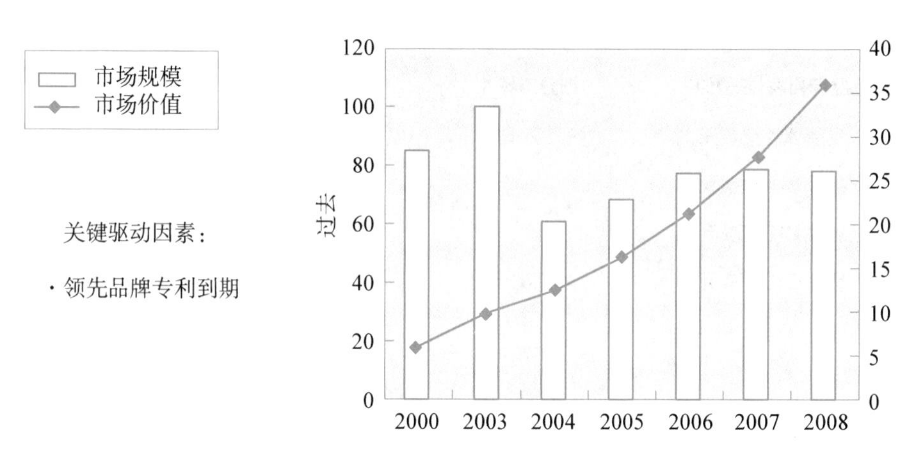

图 8.4　主要市场驱动因素及其对市场规模和市值的影响

更新竞争对手的市场份额(竞争对手分析)。

- **再次强调,从关注事实开始:** 竞争对手的表现如何? 他们可获得的患者份额是增加还是减少了? 输入数据。

注意,当在进行销售预测时,你应当只预测每个竞争对手的未来份额。这是因为你的策略很可能会影响该预测(见图 8.5)。

最后,反思市场动态:你是否需要调整对“可获得的”市场份额或机会的看法? 这个数字通常是根据新治疗、替换治疗和(或)附加治疗来计算。各细分市场的“可获得的”市场规模是否有所不同?

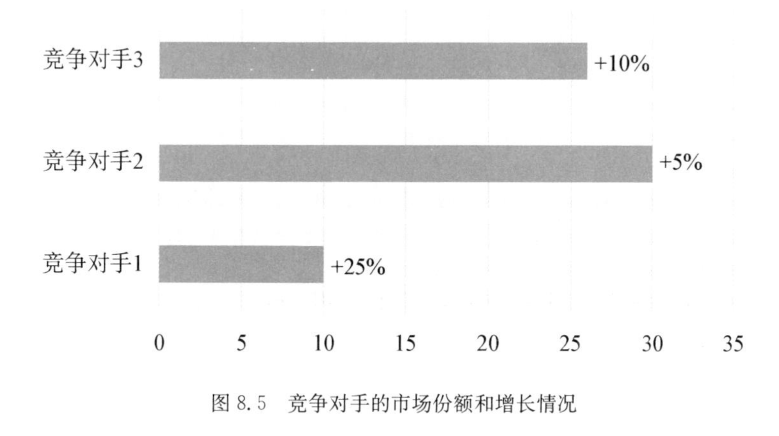

图 8.5 竞争对手的市场份额和增长情况

最大限度地发挥市场调研的作用

在此过程中，挑战在于利用可用的数据来评估市场规模、趋势等。以下是一些指导原则：

- 目标需求状态的潜力：主要在于评估其可能达到的最大规模。这里需要考虑两个方面：
    - 哪些患者亚组(细分市场)？
    - 现实中哪些人可以被认为是潜力人群？是那些正在寻求治疗的人？还是那些已经被确诊的人？抑或是那些正在接受治疗的人？

根据你所涉及的市场和产品的不同，以上问题的答案会有所不同。请确保你所计划的潜力是现实的。

- 目标需求状态的实际规模：指目前在不同患者细分市场(患者亚组)中接受处方治疗的人数。每个细分市场(患者亚组)的“实际”规模在不同的国家会有所不同，并且原因也各不相同。

常见问题与解答

- **所提供的数据通常可用于市场和某些类别的产品,有时按诊断提供,但很少按“细分市场”来提供。在这种情况下,我们应该如何进行管理?** 最好通过与客户交流来回答这些问题。
  - 向一组客户描述目标需求状态和相关的患者细分群体,询问他们在这种情况下最常使用哪些产品。
  - 给另一组客户一份产品清单,询问他们在目标需求状态和不同的患者细分群体下使用该产品的可能性有多大。
  - 根据它们在目标需求状态和相关患者细分群体中的适用性来定义你的竞争集。
- **如果我们没有竞争对手产品按患者细分的数据,那如何了解竞争对手在每个患者细分市场的表现?** 同样的,你最好通过与客户交流,了解他们对竞争对手产品的看法,以及他们在目标需求状态和患者细分中的使用情况。基于此,你将有确凿的数据了解竞争对手的整体情况,即总体上,它的销售额是增长还是下降?然后,你需要将你的洞察应用到这些硬数据上。记住:实际的数据本身并没有告诉我们一切——我们试图确保了解竞争对手在多大程度上比我们更成功地满足各细分市场的需求。
- **当我们无法获得这些数据,或者获取这些数据的成本很高时,我们如何量化患者流?** 在评估患者从一个阶段转移至另一个阶段的比例时,你应能够做出合理估算。请注意,尽管某些数据,如疾病的发病率,被视为“硬性”数据,但不同数据来源之间的差异性可能导致这些数据存在显著波动。最重要的一点是,你所提供的数字都不可能绝对精确。因此,在此情境下,我们应致力于确保数字的数量级(即大致范围)正确,而非过分追求精确性。

旨在提高评估市场规模技能的实践活动

完成这项练习后,你应当能够做到,即使没有数据情况下,也可以根据现有信息对任何一个细分市场的潜在规模和患者流进行合理推测。

假设高血压市场有两个细分市场——第一个是“降低血压”,第二个是“预防心血管疾病”。

那么,以下哪些患者类型可能属于哪个细分市场呢?

- 65 岁以上的人。
- 孕妇。
- 40 岁的职业男性。

假设每个细分市场的起始潜力都是 100 人。那么患者流的差异将如何体现?这些差异有多大?随着时间的推移,哪个细分市场将经历最大的变化,原因是什么?

- 进入医疗系统的人数。
- 接受处方药治疗的人数。
- 接受 ACE 抑制剂治疗的人数。

如果你向别人解释你的想法,你的理论在受到质疑时是否站得住脚?如果经得起考验,你就准备好了!

本章所用术语定义

- 竞争:包括任何提供或将有能力提供满足客户需求的产品/服务或解决方案的公司。

- **决策阶段**:决定患者是否进入医疗系统以及进入系统后会发生什么关键步骤。
- **关键趋势**:那些被认为对未来市场的形态或性质产生重大影响,且发生的可能性也很高的趋势和(或)变化。
- **市场调研**:用于识别和定义市场机会和挑战的信息,生成并优化营销活动,监控营销表现,并在过程中提高对市场认知的理解。
- **市场价值**:在给定市场中竞争产品的总销售价值。
- **市场容量**:在给定市场中“可获得的”患者或患者机会的总数。
- **患者流**:这是一个用于评估市场的思维框架,涉及患者人口的规模、市场和(或)目标患者细分市场的增长情况,以及推动增长的因素,例如有多少患者进入医疗体系,有多少患者被诊断或确认为患病,有多少患者接受药物治疗等。它还用于确定导致“真实”患者潜力与市场实际规模之间差距的战略问题。
- **潜力**:如果所有能够从治疗方法中获益的人都能接受治疗,市场中可能实现的业务量。
- **目标需求状态**:我们正在推动/强化的治疗目标,以及因此被纳入该治疗目标的患者群体。
- **趋势**:确定或预测随时间变化的模式。

推荐阅读材料

- DOGRAMATZIS DIMITRIS. Pharmaceutical Marketing: A practical guide [M]. Denver, Colorado: IMS Health Group, 2001.
- KOTLER P. Marketing Management: Analysis, Planning, Implementation and Control [M]. 6th. New Jersey, USA: Prentice Hall International, 1988.

编者按

在中国医药市场，药企需将患者需求置于首位，敏捷适应市场动态，通过细致的市场划分、深入分析竞争对手以及进行趋势预测，构建创新而灵活的市场策略，以在竞争中获得优势，确保企业的持续成长。

凭借在医药行业积累的丰富经验，我深刻洞察到中国市场的独特性和发展潜力。在这个快速演变的领域，成功的核心在于始终将患者需求作为行动指南，并能够灵活应对市场的不断变化。

首先，市场细分是制定有效策略的基础。 中国地域辽阔，经济发展水平和医疗资源分布不均，这导致各地患者的需求和购买力存在显著差异。 药企应根据区域差异、患者年龄、性别、病种等多维度进行细分，制定针对性的营销策略。 例如，在经济发达地区，可以重点推广高价创新药，而在经济欠发达地区，性价比高的仿制药也不失为一种不错的选择。

其次，竞争对手分析是市场战略的重要环节。 在某些特定疾病治疗药物市场，国际制药巨头和本土企业的竞争非常激烈。 药企需要密切关注竞争对手的市场动向，了解其产品线、定价策略和市场份额，找出自身产品的差异化优势。 就好比说，对于某些特定疾病类型和患者分型，若竞争对手的药物尚未覆盖，企业应迅速填补这一空白，抢占市场先机。

此外，关键趋势分析有助于企业前瞻性地把握市场机会。 近年来，中国政府对创新药物的支持政策不断加强，加速了新药审批和上市，这为企业带来了前所未有的发展机遇。 同时，随着公众健康意识的提升，早期筛查和诊断技术的普及，使得更多患者能够及时接受治疗，从而扩大了市场需求。 因此，药企应积极投资研发，推出更多创新药物，并加强市场教育，提高公众对新药的认知度和接受度。

中国医药市场及充满挑战也蕴含机遇。 药企要谨记“以患者为中心”这一核心理念，通过精准市场定位、深入竞争分析及前瞻性趋势预测，制定创新灵活的营销策略，以在进展中突出重围，实现长期发展。

9 品牌现状评估

在本章中，我们将深入探讨：

- 我们试图理解的是什么
- 交付的成果是什么
- 面临的挑战是什么
- 如何进行评估
- 最大化市场调研的作用
- 常见问题与解答
- 旨在提高评估品牌现状技能的实践活动
- 本章所用术语定义
- 推荐阅读材料
- 编者按

我们试图理解的是什么

加强和改善对目标需求状态和(或)患者群体对以下方面的理解:

- **机会和威胁**:机会与威胁的描述需要反映出当前对每个细分市场(患者子群体)公司的最新、最深刻的理解,以及未来可能的变化,必须具备改进的理解。由于积极参与这个市场运营,你至少已经积累了一年的经验。不管怎样,你已经充分了解或学到了在一年前你做计划时未完全理解或欣赏的东西。

你应该特别关注并识别以下方面的最新认知:

代表机会或威胁(障碍)的客户态度和信念,以及可能影响每个细分市场(患者子群体)在未来变得更具吸引力或不那么具吸引力的事件。

- **公司的竞争地位(即优势和劣势)**:对于一个已建立的品牌,你所做的决策因已存在的一系列关联因素而变得复杂。这意味着你必须理解目前在以下方面的状况:
  - 客户强烈关联你的品牌的内容。
  - 这些关联如何对你有利(优势)或如何对你不利(劣势)。
  - 你的品牌形象是分散的还是一致的。

你同样需要了解竞争对手的这些信息。图 9.1 和图 9.2 提供了一个示例,展示在专业市场上一种产品的 SWOT 分析在一年后如何加强或改进。

交付的成果是什么

对于一个在市场中的产品,一个良好的现状分析评估可以让你:

机会
- 当前治疗未能控制问题
- 使用替代药物类别会导致问题
- 未满足的需求
- 由于死亡率数据，替代药物类别的使用减少
- 透析中心的增加
- 由于有效替代品的可及性，直接竞争对手的使用减少
- 目标水平的降低

威胁
- 夜间/其他改进技术的使用增加
- 在同类产品中位居第二

优势
- 教育推广
- 关键意见领袖关系
- 结合的强度
- 低药物负担
- 可咀嚼药片
- 最佳数据支持

弱势
- 不被认为是强效药
- 安全性问题
- 无成本效益比较数据

图 9.1　战略审查前的 SWOT 分析

机会
- 患者需要一种有效的药物
- 使用高剂量替代药物类别的舒适度下降
- 推荐的目标等级正在降低
- 对早期治疗获益的认可
- 尽管医生对竞争品牌的担忧，但由于缺乏其他替代方案，仍然在广泛使用
- 最新竞争产品未能满足疗效预期

威胁
- 由于引起问题药物使用减少，这类患者的数量将减少
- 不适当的剂量和（或）患者依从性差，导致疗效差
- 竞争对手的市场定位活动
- 监管延迟加剧了对这一治疗类别的担忧

优势
- 与品牌X的差异化
- 可咀嚼的药片
- 最佳数据支持
- 被认为是强效药
- 选择性结合
- 在其他疾病中患者获益数据

弱势
- 无经济价值证明
- 被认为与竞争产品一样具有药物负担
- 医生难以体验到差异
- 目标定位不佳
- 因所属类别而与不良反应联系在一起

图 9.2　战略审查后的 SWOT 分析

- 审查/确认/修订你的战略目标。
- 确认/修订你的营销工作重点应该是什么，即为了实施战略，需要解决的关键问题和机会。
- 确认（并且只有在非常特殊的情况下修订）你将如何实现这一重点，即选择那些你能够控制的、对成功至关重要的项目。

- 决定明年的非财务目标,即你现在应该尝试实现的目标。
- 开始考虑实施,即基于去年成功和失败的经验,下一年你可能会采取的不同措施。

面临的挑战是什么

- **公司流程:**对于大多数公司而言,每年一次的规划要求是重新审视现状分析(或 SWOT)的唯一时机。在这种情况下,需要广泛咨询以确保不会忽视任何重要事项。对于那些严格应用监控和控制流程的少数公司来说,战略审查应该是容易的,因为他们会不断将所汲取的经验教训纳入他们的思维中。
- **做出哪些改变:**这不是为了改变而改变,而是要深入了解目标市场,改进理解,从而了解/洞察市场上正在发生的事情为什么会发生,并通过这种方式增强对机会和威胁的认识及自己在竞争中的位置(即优势和劣势)。
- **客户与公司的视角:**在进行品牌审计时,要意识到当你坐在办公桌前时,你可能从公司的角度来看世界,而你的客户(处方者、付款人、患者等)则有完全不同的观点。成功的市场营销需要弥合这一差距。记住,你有一个品牌战略。对于一个现有品牌,我们不是在质疑品牌战略(除非我们现有的品牌战略有根本性的变化)。我们正在做的是了解我们在品牌战略中的位置。如果你不知道你在哪里,如何知道要把重点放在什么方面,以成功地实施你的品牌战略?

如何进行评估

重点应放在目标需求状态以及该目标需求状态涵盖的患者群体上。

从你对患者旅程的所做的调整开始。问问自己:我对市场行为的理解提高了多少?在哪些方面提高了?哪些细分市场?在患者旅程的哪些方面,以及影响这一旅程的人,我现在有更深入的理解吗?我能否利用这理解来改进对机会和威胁的解释?优化相关的(编辑、修改或删除)机会和威胁。

现在具体关注处方决策。我对处方决策的了解有多少提高?影响处方决策的各种人的角色发生了哪些变化?决策者对疾病、不同产品、他人及自身的态度和信念有何变化?我的理解或解读有何变化?我能否利用这种理解来改进对机遇和威胁的解释?

现在从未来的角度思考:我们之前对未来事件及这些事件对目标市场影响的假设是否成立?过去一年我们所学到的知识如何帮助我们加强和(或)修改我们对新出现机会和威胁的解释?

如果你已经与一个小核心团队完成了以上步骤,那么最好让组织中的其他人挑战你的思维。请考虑最适合这样做的方式或场合。

一旦你完成了对外部环境(即机会和威胁)的评估,转向内部环境。此时,你的重点应该是你拥有的品牌资产。

从产品审计开始。客户对你的品牌或竞争品牌满足需求的看法有何变化?你需要理解原因。

关注那些影响或与品牌建设相关的因素。你需要理解你当前的品牌形象。哪些是积极的?哪些是消极的?哪些项目对积极的影响有贡献?哪些项目对消极的影响有贡献?

参考你掌握的关于医生对不同产品在目标市场中满足需求的看法的信息。这项研究将帮助你了解哪些属性在正面或负面将一种产品与另一种产品区分开来,以及哪些属性被认为是大多数产品的共同特点,因此不具备差异性。

机会和威胁分类指南(表 9.1 和表 9.2)。

表 9.1 识别机会指南

机会是	机会不是
你无法直接控制的,并提供“进入潜力市场的途径”	不可以控制的东西
你或/你的竞争对手可以用来渗透市场的东西	仅对你可用的东西
存在或可能在不久的将来出现的东西	你必须创建或做的东西

表 9.2 识别威胁指南

威胁是	威胁不是
你无法直接控制的,并对你和你的竞争对手都构成“进入障碍”的东西	你可以控制的东西
减少市场潜力的任何因素,即减少可及患者数量或减少可及患者的价值	仅影响你的东西
存在或可能在不久的将来出现的东西	

在更新品牌审计时,始终记住两部分内容:(a)客户需求和(b)你的品牌战略。任何在正面上将你的品牌与竞争对手区分开来的特质,只有在它与客户相关(即满足客户需求)并且与品牌战略一致的情况下,才算是一项资产。同样,任何在负面使你的品牌与竞争对手区分开来的特质,只有在它与客户相关且与品牌战略相冲突的情况下,才应该被归类为负债。图 9.2 阐释了你可能如何处理这一过程。

那些与客户相关但被认为是所有产品共有的特质应被归类为同等竞争优势。是否有与你的产品相关的特质,是医生没有提及但可能被认为对他们是有意义或相关的,这些特质可能被认为是积极的?将它们列为潜在的驱动因素。图 9.3 展示了你如何进行这一过程。

利用这项研究来更新你的品牌审计,特别需要注意的是,你对于强关联是否代表品牌优势或劣势的解释。

案例:

以品牌 X 为例,其品牌承诺是“可靠的缓解”,品牌的核心价值之一是

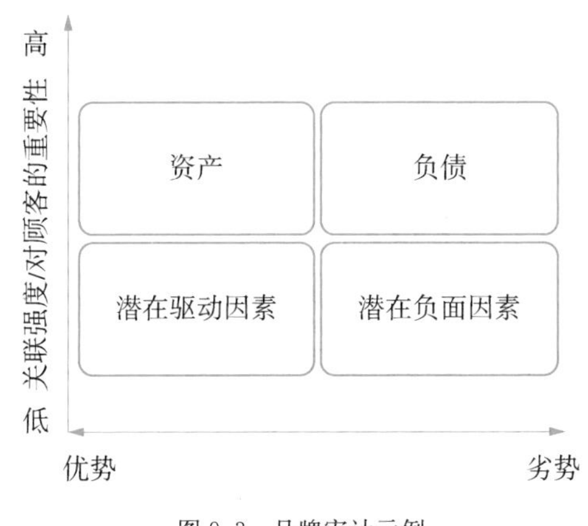

图 9.3 品牌审计示例

“直观”。

假设通过市场调研我们了解到以下信息：品牌 X 被认为是“可靠的”，这是品牌的一个差异化特质；而销售团队则被认为是“咄咄逼人和侵略性强的”。

你该如何解读这些信息呢？首先，关于“可靠性”的看法应被解读为我们可以构建的优势(即如果我们要实施品牌战略，就需要品牌被认为是可靠的)。其次，我们需要将销售团队被视为咄咄逼人和侵略性的看法视为一个显著的弱点(因为这阻碍了品牌建立“直观”的核心品牌价值)。

对于列为资产的内容，将其描述为优势(即与你的品牌相关且对你有利的内容)。对于列为负债的内容，则将其描述为劣势。对于描述为潜在驱动力的内容，将其描述为潜在优势——这是你需要将其与客户相关联，或是将其与品牌联系以此创造竞争中的差异化优势。反之，若某事物被描述为潜在负面因素时，则将其描述为潜在劣势。

接下来，关注哪些非产品属性的强项和弱点，即公司相关的强项和弱点。你的竞争地位是否已有所变动？去年你所描述为劣势的项目中，是否有不再对你的业务构成威胁的？在之前描述为优势的项目中，哪些是你成功维持的？哪些被竞争对手削弱了？请根据情况，对公司相关的强项和弱点进行相应的调整。但请务必确保能够清晰地解释你所做的每一项修改

(即是什么导致了这种变化)。

现在你需要:

- 审查你的战略目标:它们是否仍然合理?它们是否足够具有雄心?请根据需要做出必要的修改。
- 重新审视业务战略:这通常描述了你所关注的目标需求状态和患者群体,以及增长机会。它还会谈到需要解决的问题。在业务战略方面,增长机会、问题和投资水平等方面有时会发生变化……但战略本身不太可能发生根本性的变化。只有在必要时,才需要修正对战略表述的措辞。
- 提醒自己品牌战略:品牌战略描述了核心价值和品牌精髓,这些最能描述你希望你的品牌与目标市场之间的关系。通常情况下,品牌战略不能被改变。
- 接下来谈到关键成功因素(CSFs):CSFs 是为实现战略而必须投资的优势和(或)劣势。确认关键成功因素。考虑到市场形势的变化,去年确定的业务优先事项是否依然有效?希望在大多数情况下,这个问题的答案是肯定的!

唯一可能改变优先事项的原因是,按照去年计划中的重点增长机会和问题发生了变化。即便如此,同一组关键成功因素可能仍然适用。因此,再次提醒你要谨慎对待。

只有当你完成了上述所有步骤之后,才具备了设定明年目标(即新的非财务目标)的条件。

优势和劣势分类指南(表 9.3 和表 9.4)

表 9.3 识别优势指南

优势是	优势不是
你可以控制的东西	你无法控制的东西
提供竞争优势的东西	所有人都能获得的东西

（续表）

优势是	优势不是
某些具有相关性的东西，即它必须有市场应用	某些你拥有，但没有明显市场相关性的东西
某种能力或品牌资产资源；如果它属于品牌资产范畴，那就是具有价值的资产	关于你必须要做的事情的陈述

表 9.4　识别劣势指南

劣势是	劣势不是
你可以控制的东西，但目前对你不利且相关	你无法控制的东西
是你处于竞争劣势地位的负债	资产
当前的状态	未来的状态

最大化市场调研的作用

我的经验是，结构严谨的定性研究无疑是帮助我们识别机会和威胁的最佳方式。这种研究应与决策者及任何其他对你试图了解的“行为”有显著影响的人一起进行。我知道尤其是“大型制药企业”觉得有必要“量化”一切——但只有当你量化的数据来自初步定性研究实践时，我才确信这样做的价值。有两个观点我认为非常重要：

- 洞察力是制药品牌规划的基石。为了发展这一点，你必须突破标准的研究方法，以比你的竞争对手更快、更好地学习。
- 开放的心态对于解读客户洞察至关重要。应避免倾向于关注自己你想听到的信息，而忽略其他矛盾信息的存在。

在进行品牌审计时，请记住以下几点：

- 尽管直接探究客户感知的方法可能有用，但通常而言，考虑那些更间接的方法也是值得的——甚至一些方法可能稍显另类。这些间接方法主要基于假设,即我们想要研究的对象在面对问题时,可能会不愿意或无法真实透露他们的感受、想法和态度。一方面,人们可能因觉得信息涉及尴尬或隐私而不愿透露;另一方面,他们也可能因为不知道为什么会开出某些产品处方的真正原因而无法提供相关信息。投射研究技术能在一定程度上解决这两个问题,通过让受访者将自己投射于一个特定情境之中,从而规避直接询问可能带来的心理抑制或表达局限,进而更深入地洞察受访者的内心世界。

- 采用间接方法帮助你了解竞争对手品牌对客户的意义确实至关重要。这种研究应随时间推移、在不同需求状态以及不同患者群体的背景下重复进行。人们对不同品牌的看法,仅凭猜测是绝对不可以的。
- 一种更直接的洞察方法是根据一系列维度对品牌进行评分。相较于定性方法,量化方法更为客观和可靠。他们可以基于具有代表性的客户样本,揭示关联的发生率以及相互的关系,从而实现对品牌关联的量化分析。
- 在这些研究中的第一个关注点是识别最重要的感知维度。获取此信息的一种方法是询问受访者每个属性或利益对于他们选择品牌的重要性。但问题在于,人们往往会把所有事物都说得很重要。第二个关注点是识别哪些属性在处方者和非处方者之间有所区别。第三个关注点是询问取舍问题。后一种提供了客户对重要性维度的一种敏感度量的方法。注意,感知测量需要针对特定的细分市场,并在一组竞争品牌的背景下进行。
- 另一个需要考虑的因素是,感知维度是否能在品牌之间形成区分。如果一个属性确实具有区分性,那么即使根据其他衡量标准它看起来不重要(它将被归类为潜在驱动因素),也可能值得保留。相反,如果一个属性或利益显然很重要,但却不能在品牌之间形成区分,那么它可能具有边际效用(它将被归类为共同点)。

最后，你不仅要关注每个品牌的关联以及品牌在感知维度上的位置，还应关注以下几点：

- 关联性的强度。
- 形象的清晰度，即客户是否同意与品牌的关联。

品牌形象越清晰、关联强的品牌，往往会成为强劲的竞争对手。

常见问题与解答

- **如何判断洞察或理解是代表机会还是威胁呢？** 参考本章前面提供的关于机会和威胁的指南。基本上，如果你感到需要克服某种东西，改变外部环境中的某些因素，或者需要防备某种情况，那么这很可能是一个威胁。
- **正确分类机会和威胁很重要吗？** 在我看来是重要的。对机会的投资会带来市场份额的增长；对威胁的投资可能意味着市场开发（这可能导致销售增加，但保持份额）或市场扩张（同样，销售增长，但不一定影响你的市场份额）。

尤为重要的是，将每个外部因素记录为机会或威胁，而不是优势或劣势。除非是你特别想投资的东西，否则可能不值得花太多时间去争论外部因素最终会出现在垂直线的哪一边。也就是说，不要花费不必要的精力去争论它到底是机会还是威胁。

- **为什么我们要关心某件事是未来的趋势还是已经存在的现象呢？** 在你开始考虑市场可能如何变化之前，理解今天的市场状况是至关重要的。这很重要，因为你需要把对未来的任何看法叠加在今天的现实之上。你不能孤立地考虑未来的变化。同样，当你进行市场预测时，通常你会预测潜在基础的历史趋势，然后才会叠加你对那些可能导致这一潜在趋势调整的事件的假设。

- **为什么要重点关注你的目标需求状态与患者细分市场?** 在为现有产品进行规划,以获得最大化成功之时,聚焦变得尤为重要。为什么要将时间和(或)金钱投入于理解那些你不感兴趣的市场?为什么不确保每一分投入都用于提高你对如何实施战略的理解,或者在特殊情况下,用于调整战略?
- **我们是否仅需要从医生的视角理解这一系列的关联,还是应该从每个人的视角去理解?** 你确实需要了解你的品牌在你所关注的客户群体中的认知情况。如果存在差异,那么你的沟通目标就需要有所不同。在实践中,这意味着创意理念保持一致,但你对不同客户的强调的关联可能会有所不同。
- **我们是否需要从客户的角度来确定所有的优势和劣势?** 当你在评估与你的品牌和竞争品牌相关的关联集合时,是的,的确需要从客户的角度进行分析。如果你在象牙塔里做假设,这样的分析是没有价值的。然而,当涉及公司相关的优势和劣势时,你也需要了解竞争情报信息。

旨在提高评估品牌现状技能的实践活动

获取两份连续的市场/产品计划: 准备你熟悉的市场/产品计划的两份连续报告,找到SWOT分析页。

聚焦SWOT分析中的OT部分: 专注于SWOT分析的机会和威胁部分。检查所描述的机会和威胁是否只针对目标市场?如果不是,你能从规划的角度理解这些对计划的意义吗?和你的同事讨论。

识别和改进机会/威胁: 关注计划的最新版本。找出一个你可以改进的机会和(或)威胁。这种改进将如何影响你的实施计划?基于此,你可能会采取的不同行动?

评估改进的影响：请注意，如果改进没有使你在实践中采取不同行动，你必须质疑此类改变的价值。

比较计划：现在比较最新的计划与之前的计划。评估机遇和威胁在一年到下一年中的改进/加强程度？确定这些改进是否显而易见地导致"战术计划"的改进？如果不是，原因是什么？如果是，确保你能对其进行解释。

本章所用术语定义

- 资产：品牌的独特属性，并被视为品牌优势。它们形成品牌资产。某些资产可能会随着时间的推移被竞争对手的活动中和，因此被认为是"脆弱的"资产。
- 态度：人们如何看待[感觉和(或)思考]某事。态度比信念更容易被改变。
- 信念：人们认为正确或错误的想法观念及其意识。虽然信念可能比态度更难改变，但信念比需求、价值观或动机更容易改变。
- 品牌：客户心智中与产品或服务相关的认知程度。
- 品牌联想：客户和(或)消费者回忆起的品牌的特征。这些特征可能是受欢迎的，也可能是不受欢迎的。

特征包括：

  - 品牌在治疗中扮演的角色。
  - 差异化利益。
  - 品牌对客户的情感相关性。
  - 产品属性/相信感知到的好处的原因。
  - 作为符号的品牌——视觉符号或形象。

- 品牌审计：了解品牌的优势和劣势，与竞争对手的对比。
- 洞察力：描述支撑市场行为的关键原因，反映出对某些事物深刻的、根本的理解。可以被品牌利用以获取竞争优势。

- 负债:品牌特有的、削弱品牌资产价值的属性,被认为是品牌的劣势。
- 市场调研:一种信息搜集手段,用于识别并定义营销机会和挑战,生成并优化营销行动,监测营销表现,并改进对营销过程的理解。
- 机会:一种环境条件,使得潜力更有可能转化为实现。机会包括可能对市场产生积极影响的趋势,因为它们将增加或促进进入市场的机会。机会不依赖于公司是否具备抓住/实现机会的能力。
- 同等竞争优势:品牌的这些属性被客户的重视,但并非品牌独有;因此,它们不会使品牌与其他品牌区分开来。
- 潜在驱动因素:品牌特有的、积极的属性,但目前并未得到客户的重视或与品牌相关联。
- 潜在负面因素:品牌特有的、消极的属性,但目前并未与客户心目中的品牌相关联。
- 优势:公司/团队在控制范围内的因素,用于捕捉机会和(或)管理威胁。这些因素既强大,又比竞争对手更强。
- 成功因素:组织的职能、能力、实力、特征等,用以捕捉机会和(或)管理威胁。
- 威胁:一种不利的环境条件,因为它可能对市场产生有害影响。无论公司是否具备管理这种情况的能力,它可能会减少市场潜力,或者关闭机会窗口。

推荐阅读材料

- AAKER DAVID A. Managing Brand Equity [M]. USA: MacMillan Inc, 1991.
- AAKER DAVID A. Building Strong Brands [M]. New York,

USA: The Free Press, 1996.

- AAKER DAVID A. Brand Leadership [M]. New York, USA: The Free Press, 2000.
- BLACKETT T, ROBINS D. Brand Medicine: The Role of Branding in the Pharmaceutical Industry [M]. Hampshire: Palgrave Publishers Ltd, 2001.
- DOGRAMATZIS DIMITRIS. Pharmaceutical Marketing: A Practical Auide [M]. Denver, Colorado: HIS Health Group, 2001.
- IACOBUCCI D. Kellog on Marketing [M]. Canada: John Wiley & Sons, 2001.
- KELLER KEVIN L. Strategic Brand Management. Building, Measuring, and Managing Brand Equity [M]. New Jersey, USA: Prentice Hall, 1998.

编者按

在医药市场这片充满挑战的疆域，品牌审查是企业赢得市场的重要法宝。 通过精心设计的品牌审查，医药企业能够找到方向，在激烈的和同质化的竞争中脱颖而出，抓住机遇，应对挑战，实现战略目标。

对于许多医药行业的市场从业者而言，接受专业系统的培训并非易事。 本章内容旨在帮助建立标准的方法论和思维模式，对于品牌审查工作至关重要。

品牌审查的第一步，是深入分析目标患者群体的需求和偏好，以及市场动态如何影响这些需求。 在中国，治疗的创新和个性化治疗方案的需求日益增长，企业必须通过敏锐的市场感知来捕捉这些变化。

企业还需全面审视品牌定位，包括品牌在顾客心中的关联、品牌形象的一致性，以及与竞争品牌的差异化优势。 一个品牌可能因其卓越的治疗效果而获得认可，但同时也可能需要解决患者对不良反应的担忧和提高可及性。

企业同时也需要运用定性研究来深化对市场的洞察，特别是在中国这样多样化和快速发展的市场中。 通过多样化的调研方法，企业可以更真实地把握医生和患者的需求，从而在产品开发和市场推广中做出更精准的决策。 新兴技术如人工智能和大数据的应用，正在革新传统的市场研究方法，为未来市场研究开辟新的可能性。

品牌审查的一个关键工具是 SWOT 分析。 在识别品牌优势和劣势的基础上，企业需要调整战略目标和业务战略，确保品牌承诺与市场现实和患者期望相符。 这还包括对销售团队的培训和行为调整，以更好地传达品牌价值。

最终，企业应将审查的发现转化为具体的战略行动，包括设定新的非财务目标和调整市场进入策略。 在中国，这可能意味着加强与医疗政策制定者的沟通，参与医保谈判，或开发新的市场准入策略。

品牌审查是一个持续的学习和适应过程，它要求企业在不断变化的市场中保持灵活性和前瞻性。 在中国医药市场，这一过程对于企业的成功至关重要，它不仅帮助企业在竞争中保持领先，而且确保了企业能够持续地满足患者的需求和期望。

信学明

10 设定新的品牌目标

在本章中，我们将深入探讨：

- 主要的工作内容
- 如何设定『新』的非财务目标
- 如何充分发挥市场调研的最大效用
- 常见问题与解答
- 旨在提升非财务目标设定技能的实践活动
- 本章所用术语定义
- 推荐阅读材料
- 编者按

主要的工作内容

对于获批适应证的在线产品(In-line Product),许多产品经理会迅速投身市场竞争,尝试各种营销策略,直至用尽所有预算。这种现象被称为“随机营销行为”,缺乏明确的战略指导,因为他们并不真正理解消费者选择自家产品或竞品的深层原因。在本章中,我主张对在线产品制定营销计划时,运用非财务目标,使计划更具结构性。

深入的分析是理解现状和预见未来行为的关键。情境分析为我们提供了对当前市场环境的清晰认识,而非财务目标则明确了我们为实现长期战略目标而设定的年末目标。这些目标与战略规划紧密相连,为战术执行提供了一个战略性的框架,指导我们的营销计划从设计到开发、实施乃至评估的全过程。

设定非财务目标是一项复杂但至关重要的任务。它们不仅是制定营销方案和预算的基础,也是衡量我们业绩的重要标准,更是指引我们做出明智决策的灯塔。在实际操作中,我们经常需要在多种战略和战术方案中做出选择。在这种情况下,我们应根据每个方案对非财务目标的实现程度来做出决策,以确保我们的选择既科学又高效。

如何设定“新”的非财务目标

回顾你的关键成功因素(CSFs),针对每一个因素,明确其在品牌建设中所扮演的角色。我认为 Millward Brown 提出的“Brand Dynamics™ 金字塔”框架对于思考 CSFs 的作用尤为有效。下面我将解释这一模型及其在工作中的运用。

Millward Brown 利用 Brand Dynamics™ 金字塔来衡量品牌价值，深入剖析客户与品牌之间的紧密关系，并指引我们找到营销活动中最值得关注的领域。

在设定目标的过程中，我运用该模型来辅助决策。我会逐一审视每个 CSFs，判断它将在金字塔的哪个领域发挥作用。对于每一个 CSFs，我会允许其最多涉及两个领域。通过这种方式确保通过 CSFs 全面管理品牌建设过程。一旦明确了每个 CSFs 在品牌建设中的角色，便能更加精准地设定合适的目标。

案例：

以 Advair 为例，假设我负责其营销工作，其中一个关键成功因素是"体验到 Advair 带来的效果"。

如果我将其与 Brand Dynamics™ 金字塔联系起来，我会使用这个 CSFs 来评估其表现——使医生相信 Advair 能够达到他们预期的疗效；同时建立情感联结——使医生相信没有其他药物能超越 Advair。因此，我选择了这个金字塔中与 CSFs 紧密相关的两个领域。

那么，这将如何帮助我制定目标呢？

- 关于表现，我要设定的目标是，让一定比例的医生相信 Advair 能够兑现其品牌承诺。
- 在情感联结方面，我设定的目标是激发医生的积极推荐行为，使他们成为 Advair 的倡导者，向同行分享其显著的疗效体验。

起草目标之前，确保至少有一个 CSFs 能够贯穿 Brand Dynamics™ 金字塔的每个层面，全面覆盖品牌建设的全过程。细致检查，确保品牌管理的每个环节都得到恰当的关照和执行。

接下来，着手制定非财务目标时，需明确表述预期成果。这些成果应通过在既定时间框架内执行策略来达成。每个目标都应具体、可量化，并清晰描述预期的成果。

确保能维持对目标的专注。若能成功做到这一点，每个 CSFs 对应的目

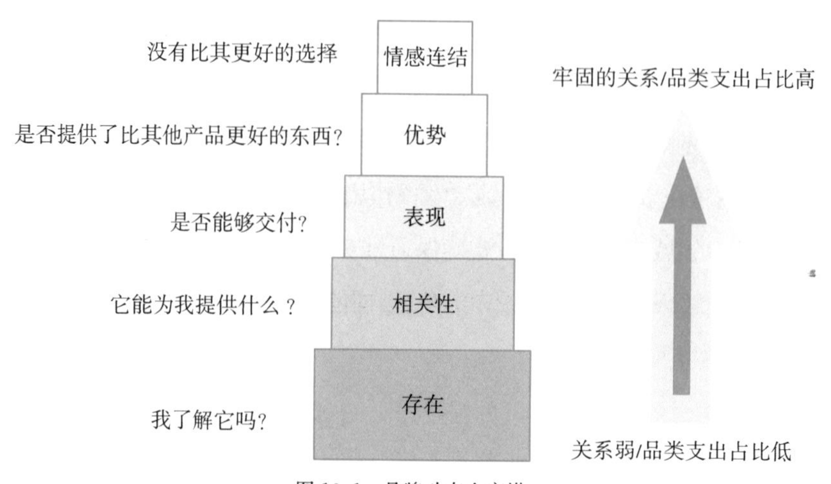

图 10.1　品牌动态金字塔

来源：Millward Brown 的 Brand Dynamics™ 金字塔

标应限制在两个以内，以一个最佳为宜。若发现目标数量难以缩减，可能意味着你描述的是达成目标的中间节点，即里程碑。里程碑是达成目标过程中必须实现的阶段性成果，切勿将其与非财务目标混淆。

在为每个 CSFs 设定目标后，请进行自我审视：

- 这些目标是否可量化？
- 它们是否清晰地界定了目标市场？
- 是否为这些目标的达成设定了时间框架？
- 这些目标是否现实且可实现？

若对上述问题的回答均为肯定，那么你所设定的目标应当是有效的（见表 10.1）。

表 10.1　战术目标的特征

好的战术目标的特征	好的战术目标示例	不好的战术目标示例
一个结果/期望的结果 具体的 有野心的 现实的	X%的医师认为品牌 X 提供了值得信赖的控制效果。 或 十位意见领袖中有八位每年至少十次积极倡导使用我们的品牌	占据 10%的市场份额 或 在年底前举办四场意见领袖研讨会

如何充分发挥市场调研的最大效用

为了设定合适的非财务目标，你必须明确自身的定位。这意味着从你进入市场并开始投入那一刻起，就有必要持续追踪这一过程。以下是你需要密切关注的几个方面：

- 持续追踪并深入分析消费者对品牌的直观感知及其处方行为（对两者进行交叉分析）。
- 对所有关键竞争品牌进行持续追踪，实施参考性与对比分析。
- 通过使用辅助技术来引发直观的品牌感知，例如：
  - 散点图（关键字、术语）。
  - 编码拼贴（情感价值）。
  - 气泡图（竞争动态）。
- 通过精心构建的一系列态度陈述来追踪对于关键信息的反馈（态度陈述要反映我们的关键信息和竞争对手的信息）。

在进行追踪研究时，需要注意以下几个方面：

- 避免使用通用概念。无论你正在测试什么，都需要有对比性，例如“比其他药物更好地控制症状”等。
- 不要再问那些无关痛痒的问题，务必对于“需要知晓信息”了解清楚。
- 问卷上的所有列举明细都必须与品牌战略相关。
- 规范调研中使用的术语，例如，不要问“持续有效性”，而要问 12 小时（或 24 小时）的控制有效率。
- 既要追踪品牌教育和品牌推广信息，也要追踪情感和抽象价值（个性、信念、情感和感受）。

常见问题与解答

- **将销售或市场份额目标视为良好的非财务目标是否合适?** 答案是否定的。我们遇到的最常见的错误之一就是,营销人员将目标简化为单纯的销售额增长,仿佛销售成了唯一的衡量标准。这种观念忽略了公司投资的多方面目的和战略目标的深度。销售固然重要,但它不是评价项目成功的唯一尺度。如果中央营销团队未能达到预期销售额,这可能指向的是定价策略或市场定位的问题,而不是项目本身的无效。同样,对于区域市场经理而言,销售不佳并不直接意味着广告和促销活动失败,因为销售结果可能受到营销组合中任何一个变量的影响,尤其在医药行业,销售业绩很大程度上受到销售团队实地工作的影响。

如果除了销售目标之外,对其他目标持保留态度,不愿将其纳入计划,这反映出对关键成功因素(CSFs)在整体战略中作用的不清晰认识。未能充分认识到 CSFs 在引导医生开具特定药物处方或确保消费者坚持使用特定药物方面的重要性,这些因素对于实现长期成功至关重要。

- **我们应该设定多少个非财务目标更合适呢?** 我个人倾向于"聚焦"原则,即在为每个关键成功因素设定非财务目标时,应限制在两个以内。这种做法并不是限制目标的深度或广度,而是旨在促进更加精准地界定我们真正追求的核心成果。
- **有多少公司的产品经理会为自己设定非财务目标,并对照这些目标来衡量进度呢?** 非常少。在制药行业,除了知名度、使用率、销售额和市场份额等方面,我惊讶地发现竟有这么多营销人员不喜欢被衡量(工作成效)。

这更加坚定了我的看法,即在许多情况下,我们实际上并不认为营销工作有多大影响力。如果销售情况不佳，那么矛头难免会指向销售团队——他们在做什么？又没做什么？

就在最近，我参与了一个项目，客户在目标市场中的一个国家开展了一场非常引人注目、高调的活动。同时，该品牌在该国的销售业绩也非常好。从市场营销的角度来看，该活动多年来保持了高度一致的风格和基调，而且在良好的销售业绩的背景下，这也吸引了同一公司其他人的极大兴趣、评论和赞赏。然而，似乎所有人都没有注意到，这场活动中没有传达出清晰且一致的品牌信息。因此，在几年后面临竞争时，由于没有强有力的品牌信息支撑，销售业绩可能将难以维持。

旨在提升非财务目标设定技能的实践活动

以两种不同的品牌方案为例。请仔细审视这份品牌计划中的 SWOT 分析，并保持其便于随时参考。现在，请思考该品牌的战略目标。随后，集中关注关键成功因素(CSFs)及其对应的非财务目标。

- 将非财务目标的实现与 Brand Dynamics™ 金字塔相联系，思考是否整个金字塔的各个方面都得到了充分的考虑和满足，并且目标的设定能够满足这些层面的需求。
- 将非财务目标与 CSFs 相联系，检查是否每个关键成功因素都得到了有效的应对和涵盖。
- 请思考这些关键成功因素是优势还是劣势，是否明显地突出了品牌相对于竞争对手的领先地位？如果是劣势，是否清楚地识别了与竞争对手的差距？现在，请重新审视品牌在竞争环境中所处的位置，并评估所设定的目标是否恰当。

有哪些进步的空间？

- 你是否清楚地陈述了这些非财务目标？

- 这些是否都是你试图实现的目标?

将你的发现与第二份品牌计划进行对比,寻找两者之间的差异和潜在的改进空间。

本章所用术语定义

- 关键成功因素(CSFs):关键成功因素是企业想要成为有效竞争者并取得成功所必须确定和满足的最重要条件。它们本身并不是目标,而是指导企业走向商业成功的主要因素。
- 实施计划:详细规划了为执行战略所需采取的具体策略与行动。该实施计划应清晰阐明以下几点:
    - 确定要达成的非财务目标。
    - 为实现这些非财务目标,计划采取的策略与方法。
    - 具体实施步骤。
    - 各项行动的优先级排序。
    - 明确各项行动的责任人。
    - 所需资源的配置,包括资金、人力、时间等。
    - 各项行动的开始与结束时间节点。
    - 如何评估首要行动的成果与效率,以及评估的时间安排。
- 成功的衡量标准:营销计划取得进展或成绩的重要因素。
- 营销方案:由旨在建立品牌资产的营销活动组成。它们涵盖与“营销组合”所有要素相关的活动。
- 非财务目标:关于关键成功因素的成功表达,应具有以下特点。
    - 具体的。
    - 可衡量的。
    - 有野心的。

- 现实的。
- 时间限制内的。

推荐阅读材料

- KELLER KEVIN L. Strategic Brand Management. Building, Measuring, and Managing Brand Equity [M]. New Jersey, USA: Prentice Hall, 1998.
- KOTLER P. Kotler on Marketing: How to Create, Win and Dominate Markets [M]. Great Britain: Simon & Schuster, 1999.

编者按

在医药领域工作多年，我深知在这个充满挑战与机遇的市场中，我们不能仅仅依赖传统的财务指标来指导营销策略。 真正的成功始终来自对患者需求的深刻理解，以及在此基础上设定并实现的非财务目标。

近几年来，我越发深刻体会到了中国处方药市场的复杂性和动态性。 很重要的一点是，患者对治疗效果的期望、对生活质量的追求以及对经济负担的考量，共同构成了他们选择治疗方案的决策因素。 因此，在制定营销策略时，必须将患者的需求放在首位，以此为出发点来设定非财务目标。 因为这不仅包括对治疗效果的追求，也涵盖了对治疗过程中不良反应的管理和经济负担的考量。

我倡导的营销策略，始终围绕着关键成功因素（CSFs）展开。 这些因素，如创新药物的研发能力、医生教育、患者支持服务等，是我们设定非财务目标的基础。 不仅要具体、可量化，更要与企业的长期战略紧密结合，以确保我们的每一步行动都能推动品牌价值的持续增长。 持续的市场调研对于捕捉市场动态和患者需求非常重要。 因此，我推动团队利用先进的市场研究工具和技术，深入理解医生的处方行为和患者的治疗偏好，确保我们的营销策略始终紧贴市场脉搏。

在当下大环境中，我们应该更好地利用大数据分析和人工智能技术，以更全面地捕捉患者行为和偏好，确保我们的营销策略能够及时响应市场变化。 同时，需要持续强化品牌的独特价值主张，如专注于患者全周期管理，提供定制化服务，来进一步巩固我们的市场地位，确保我们的品牌在众多竞争者中脱颖而出。

面对中国政府对医药行业的政策调整，我始终保持敏锐的洞察力，及时响应政策变化，调整我们的营销策略，以确保我们能够抓住每一个市场机遇。

持续的产品创新是满足患者治疗需求的关键。 这不仅是对市场趋势的顺应，更是对患者责任的承担，体现了我们作为行业领导者的使命和担当。

11 实施规划

在本章中，我们将深入探讨：

- 品牌计划的目标是什么
- 品牌计划的关键组成部分
- 如何根据整合营销传播的需求来设计和完善品牌计划
- 如何确保信息传播的有效性
- 制定品牌计划的步骤
- 常见问题与解答
- 旨在帮助提升技能的实践活动
- 推荐阅读材料
- 编者按

品牌计划的目标是什么

在完成市场和内部环境的分析后,你应该对即将进入的市场和当前的市场定位有了清晰的认识。

通过明确战略目标、品牌战略以及非财务目标,你已经设定了长期及至下一年末要达成的目标。现在,是时候决定如何达成这些目标了。品牌计划是一份汇总了为实现战略目标所需执行的策略的文档,确保在计划年度结束时,你能够达到预期的市场位置。

品牌计划的关键组成部分

关键成功因素

这些可控因素决定了你在市场上成功的优先级。专注于这些因素将确保你从当前状态出发,实现战略目标,并确立预期的品牌地位。关键成功因素通常包括 2～3 个主要的品牌驱动力,有助于协调不同团队为实施战略所做的努力。通常,你应有不超过 5 个关键成功因素。

非财务目标

这些目标明确了整体营销计划对每个关键成功因素的具体期望成果。它们通常以量化的具体指标来表述,确保目标明确、具体且可衡量。优质的非财务目标不仅量化成果,还清晰界定目标市场,并明确实现目标的时间框架。为确保有效实施,所设定的非财务目标必须切实可行。这样,企业就能更有针对性地推进各项工作,为实现整体战略目标打下坚实基础。

营销方案

建立品牌资产的主要投入来自与品牌相关的营销活动,以及日常与客户接触的个人行为。这些营销活动,即营销方案,应根据关键成功因素和相关的非财务目标来设计。营销组合是一个概念框架,旨在帮助构建营销方案的方法。存在多种营销组合方法,如4P、5P和7P等,每种方法都有其局限性。因此,理解营销组合背后的关键原则至关重要——任何营销方案都由多个构成要素组成,所有这些要素都在传递品牌的某些信息,因此需要仔细考量。

接下来,我将讨论4P作为一个基础且实用的框架,并探索其在制药行业的应用,特别关注营销要素之间的相互依赖性,这要求精心规划。

4P营销组合方法

- **产品策略:**产品本身是品牌资产的核心,因为它是消费者和客户(通过患者反馈)体验品牌的主要影响因素。许多传播活动也以产品为中心。对于全球营销团队而言,产品策略可能包括与临床开发和产品开发相关的所有活动,这些活动构成了产品生命周期管理计划的一部分。对于区域团队,应考虑"区域性"的临床试验计划,这可能为产品体验增加价值。如果给药系统、器械/设备或配方具有独特之处,应将其作为宣传的重点,向医生明确展示其优势,从而建立对品牌的信任(或相信品牌承诺)。这种宣传能够传递强烈的情感共鸣,为品牌承诺提供有力支持。然而,许多企业常犯的错误是,每当推出新的设备、给药系统或配方时,便试图引入全新的宣传信息,而不是利用这一机会强化医生开具该品牌处方的核心原因,即与品牌战略紧密结合。因此,企业在推广时应明确目标,确保新的宣传信息与品牌战略相辅相成,共同提升品牌影响力。
- **价格策略:**我们可以将这一过程视为"捕捉价值"的活动,其目的是使产品获得注册、报销并列入当地处方集。这通常涉及定价和卫生经济学方面的活动。

请记住,我们所做和所说的每一件事都会向客户传达关于我们品牌的信息,这在定价方面尤其如此。我们所要求的价格体现了我们为客户提供的价值。医师并不只是希望开具价格低廉的药品处方:他们总是在寻找能够提供最高总体价值的药品。如果你能说服他们,你的品牌通过“内在原因”以及“与情感相关联”的方式提供了最有价值的产品,那么他们就会愿意为你的品牌支付更高的价格。

- **区域策略**:产品上市的国家数量(市场地位)以及产品上市的方式(报销情况)将对品牌的最终资产和销售业绩产生深远影响。从全球营销的角度来看,这可以视为监管策略的设计与管理;从本地市场的角度来看,则是市场准入策略的设计与管理。
- **推广策略**:营销传播可能是营销组合中最灵活的元素。它是我们试图直接或间接告知、说服和提醒消费者和客户关于所销售品牌的手段。作为品牌的“声音”,它是我们与消费者和客户建立对话和关系的桥梁。在当今时代,我们可以运用多种方式来传达信息(见图 11.1)。

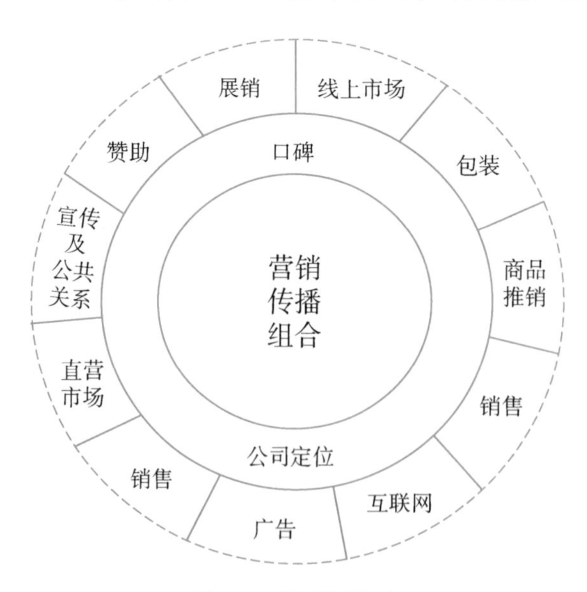

图 11.1 营销传播组合

来源:P. R. 史密斯和 J. 泰勒(2004 年)《营销传播》,第四版,伦敦:科根佩奇出版社

监管和控制机制

为确保计划的顺利实施，需要制定并采取一系列措施。这些措施将涵盖一些关键项目，以及我们需要具备的态度、信念和意识水平。设定具体的非财务目标之所以重要，另一个原因在于它们为评估计划的成败提供了基准。没有具体的目标，就很难衡量市场营销项目的效果。

如何根据整合营销传播的需求来设计和完善品牌计划

- 第一点是，整合营销传播（IMC）需要识别客户可能遇到品牌的每一个接触点。每个接触点都会传递一种信息——无论是积极的、消极的还是中性的。你应该努力在所有接触点传递一致且积极的信息。
- 第二点是，你应该利用可用的多个接触渠道，而不是将所有资金投入到单一媒介上。这要求你创造性地思考可以使用哪些工具。
- 第三点是，不仅你的各种推广/教育活动需要整合，产品、价格、渠道和推广这四个“P”也必须整合。例如，公司不能计划为某产品定高价，同时又几乎不提供任何支持这一高价的数据。

如何确保信息传播的有效性

为品牌打造有效的营销活动不是仅凭灵感就能一蹴而就的，而是需要遵循策略原则、进行深入细致的研究，并清晰理解品牌对医疗保健专业人士和患者的吸引力所在。所有创意的实施都必须传递出强烈而明确的信息，这些信息要能够凸显品牌的“存在的理由”或其相关性，体现品牌的核心理念——即品牌的本质。

让公共关系发挥作用

公共关系就像一场策略性的数字棋局，它为品牌提供了无与伦比的曝光机会，但其核心离不开独特而出色的创意。针对每个国家，制定一套创新且能激发本国媒体兴趣的公关策略至关重要，同时这套策略的包装和推广也需要同样精心。公共关系活动应该形成一种势头，从一开始就毫不犹豫地贯穿整个过程，直到达到精心策划的高潮。让各种努力相互重叠是个好主意，这样医疗保健专业人士和患者就能从众多不同的媒体渠道接收到关于该品牌的最新且略有差异的信息。一个出色的公共关系计划将确保每次曝光都能以独特有趣的方式强化品牌战略的某些方面。

有效的推广

医生选择开这种药而不是另一种，是因为他们寻求这种药带来的益处。我们面临的挑战是，在整个过程中，只有一个时刻我们有100%的机会告诉医生为什么要选择我们的品牌药而不是竞争对手的，那就是医生决定开什么药的时候。因此，战胜竞争对手的最佳时机就是此时：当医生准备开药时，向他展示你品牌药的优势。在这个关键时刻，你需要向医生传达这样一个信息：你的产品比其他任何可以考虑的产品提供更多的益处。我们常常忽视了这个“显而易见的事实”。我们错误地认为医生已经知道产品是什么以及它的功效，因此我们只是随意地将品牌名称贴上一个噱头，这是一个严重的错误。

让赞助发挥作用

赞助在制药行业中扮演着重要的角色，但在赞助中“赠送”的资金有多少真正为我们所用呢？在承诺赞助某项活动之前，我们应该问自己以下几个问题：

- 我们的大多数客户是否对这次赞助活动感兴趣，是否可以通过这次活动接触到他们?

- 这次活动与品牌战略之间是否存在相关且合理的战略联系?在承诺赞助之前,先关注战略和创意构想。
- 这次赞助活动是否会提供一个有效且具有成本效益的媒体/宣传工具?

让展览卓有成效

如何在众多竞争者中始终保持领先地位?

每年都有大批医生参加各类特殊活动,如大型会议、研讨会、座谈会或代表大会。在每场活动中,都会有不少制药公司竞相展示自家产品。那么,我们如何确保自家品牌能够在众多品牌中脱颖而出,成为令人瞩目的焦点呢?

要想让我们的品牌在这些活动中独占鳌头,绝非易事。有效的活动策划必须关注以下五个关键领域:

- **产品供医生试用的地点与方式**:若医生考虑采用新药,临床研究数据至关重要,但只有当处方医生亲身体验到药品的益处后,才能建立起持久的忠诚度。
- **醒目的活动标识展现品牌的卓越地位**:在视觉效果上,标识的位置越高,越能吸引目光。在设计上,应保持简约而富有冲击力,同时要能引发互动。应避免使用那些过于细致、难以一眼识别的文字和图像信息,因为展览的环境忙碌而多变,观众没有太多时间去仔细品味。但是,我们的设计应能够用新颖的观点和解释吸引参与者的兴趣,激发他们的好奇心和挑战精神。
- **有效地将活动与品牌战略相结合**:在大型活动中进行公司推广时,一个关键的问题往往在于未能建立品牌与活动之间的相关联系。可口可乐就是一个成功利用广告资金,将品牌与活动,清晰且具有逻辑性地联系起来的例子。可口可乐在 1996 年夏季奥运会上的广告活动

“为了球迷”,准确地击中了目标。其潜在的战略前提是,可口可乐能够为奥运会的球迷带来清爽感觉,这一前提是可信且具有相关性的。这场广告活动的标语是“欢呼也是个费劲活儿”,进一步强化了品牌与活动的联系。

- **为来访者提供特殊或优惠待遇**。
- **预测竞争对手的活动并计划如何应对**:我们需要了解或预测竞争对手可能出现的情况,并计划如何应对。你应避免措手不及,所以需要了解竞争对手可能会说什么,以及他们的信息如何被你的客户接收。

制定品牌计划的步骤

实现非财务目标依赖于所有营销组合元素的适当协调和执行,这不仅仅包括促销,还包括产品开发、创造价值以及制定市场准入策略。因此,在为下一年制定计划之前,你需要反思在过去一年中哪些方法有效,哪些方法无效,以及其原因。许多答案将会出现在 SWOT 分析中的“优势与劣势”部分。

回顾之所以重要,是基于以下几点原因:

- **避免代价高昂的错误**:大量的资金正在被投入。如果一项市场营销计划未能实现目标,那你需要了解这一点,以便能够停止在该计划上继续投入资金。
- **探索其他选择**:总会有不止一种方法能“达到目的”。决定投资一个计划还是另一个总是一个艰难的选择。如果你已经衡量了你的市场营销计划的有效性,那么你应该更有理由去选择其中一个。
- **提高营销支出的效率**。

以下是我对应该如何着手制定品牌计划的“框架”的一些想法。

- 召集来自以下职能部门的相关人员:市场调研、市场营销、销售、医学和财务等部门人员，共同组建一个讨论小组。

- 确保每位与会者都拥有一份去年的关键成功因素（CSFs）、对应的上一年度非财务目标以及本年度的非财务目标材料——请参见表 11.1 中的推荐模板。讨论应从市场调研部门针对过去一年所取得的成果的介绍开始。使用活动挂图或便利贴，将成果按照“成功”与“失败”两大类别进行分类整理。

表 11.1 回顾去年营销计划的模板

关键成功因素	去年的目标	今年的目标
	策略： ● ● ●	

- 现在，聚焦那些成功的案例，并将这些成果与 CSFs 以及对应的非财务目标进行对照分析。请团队成员共同讨论并确定哪些计划或活动为实现这些成功做出了贡献。
- 接下来，转向下一年的非财务目标。思考一下，去年哪些行之有效的策略可以在新的一年中继续沿用，尽管可能需要做出一些适应性调整？通过这种方式，我们可以针对每个具体目标制定详细的行动计划。这将有助于确保团队在新的一年中能够有条不紊地推进工作，并更高效地实现既定目标。同时，通过借鉴去年的成功经验，你的团队将更有可能在新的一年中取得更大的成功。
- 对于列为“失败”的要素，重复上述过程。将这些失败与相应的 CSFs 和非财务目标联系起来。请团队成员共同讨论并确定导致失败的原因，并思考如果采取不同的做法，可能会有什么不同的结果。最后，就如何将这些经验教训应用到明年的计划中达成共识。
- 对于每个非财务目标，你将面临多个战略和战术选择。你的选择应该基于特定选项如何最好地满足非财务目标来确定。这将确保你的决策过程既全面又针对性强,从而为实现非财务目标提供最佳支持。

- 在开始为每个目标进行详细规划之前,思考如何确保营销组合的各个方面相互整合并支持品牌战略,来描述你对整个营销计划的总体方法。
- 接下来,详细阐述需要采取的策略。一次只关注一个目标,并问自己如何实现该目标。针对每个目标列出相关的策略。在此过程中,不要忘记回顾去年学到的经验。
- 为了确保你已经全面考虑了营销计划的各个方面,表 11.2 中的清单将为你提供帮助。

表 11.2 宣传内容核对清单

	是/否
营销组合是否与所要求的信息保持一致?	
在处理“品牌建设过程”的每个阶段时,你是否都有所考虑?	
所有的活动是否都在强化同样的定位?	
标志、字体、颜色是否使用得一致?	
创意方法与品牌形象是否相称?	
它是否传达了应该传达的内容?	
创意方法是否适合目标受众?	
创意方法是否向客户传达了清晰而令人信服的信息?	
创意执行是否避免了信息过于繁杂?	
创意方法是否适合它可能被看到的媒体环境?	

- 现在,计算策略的成本。你是否满意自己在实现战术目标方面的投入和所做的工作?如果你对这个问题的答案感到满意,那么现在你可以将注意力转移到建立机制上,以监测和控制本计划的实施进度。这将确保你的营销计划得到有效执行,并及时调整以实现最佳效果。

常见问题与解答

- **在选择渠道方面，你能给我什么建议？** 始终牢记战略定位，考虑“格式塔效应”。与营销组合中的其他要素一样，你对渠道的选择以及你在该渠道中所做的必须建立在合理的战略定位之上。这意味着要使用战略定位的基础：针对你正在瞄准的**目标受众**，明确阐述客户将获得的**利益**，并强调你的品牌比任何其他品牌都更能提供这一利益的**令人信服**的理由。

因此，无论你做什么，你都应该时刻问自己这些问题：

  - 哪些渠道与我的目标客户最相关？
  - 我如何使用每个渠道传达核心利益？
  - 我将如何强化我的品牌理由（即我的关键信息）？

- **如果要使用战略定位的基础，需要问自己哪些问题，以确保每次沟通都尽可能有效？** 我之前是否采取过类似的行动？要抵制住沿用去年策略的诱惑。诚然，偶尔会有一次促销活动极富吸引力、别出心裁或效果显著，值得再次尝试，但这种情况毕竟属于少数，不可作为常态。
  - 此举是否与我的目标市场相契合？
  - 这是否有助于落实我们的品牌战略？

- **营销组合中的重点是否因品牌类型而异？** 是的，很可能如此。例如，如果你拥有一个功能性品牌，那么营销组合中可能提升性能和（或）性价比的部分将被强调。这通常意味着产品、价格和分销方面的计划更为重要。如果你正在创建一个形象品牌，那么沟通方面的计划往往占据主导地位，而如果你正在创建一个体验式品牌，重点可能是提供更好的产品体验的计划——这通常意味着重点是促进产品开发、可用性和客户服务的计划。

旨在帮助提升技能的实践活动

请列出与你品牌相关的全部营销工具,并指明哪些是最为核心的。你是如何评定其重要性的?这个列表是否遗漏了某些工具?请说明理由。你认为列表中有无效的投资吗?请进一步将这些工具根据其作用进行分类,使它们与你的非财务目标保持一致。

你对当前各种推广工具的资金投入比例是否感到满意?就各个目标而言是否分配得当?如果你计划调整资金分配,那么你会考虑减少哪些工具的投入,同时增加哪些工具的投入?你是否考虑重新平衡用于实现不同目标的资金比例?

推荐阅读材料

- KELLER, KEVIN L. Strategic Brand Management. Building, Measuring, and Managing Brand Equity [M]. New Jersey, USA: Prentice Hall, 1998.
- KOTLER P. Kotler on Marketing: How to Create, Win and Dominate Markets [M]. Great Britain: Simon & Schuster, 1999.
- SMITH P R, BERRY C, PULFORD A. Strategic Marketing Communications: New Ways to Build and Integrate Communications [M]. London: Kogan Page, 2000.
- SMITH P R, TAYLOR J. Marketing Communications [M], 4th. London: Kogan Page, 2004.

编者按

在中国处方药市场，成功的品牌计划需要明确的战略目标、关键成功因素、整合营销传播及精细化的 4P 策略，结合区域性临床试验和多渠道推广，不断评估和优化资源配置，以提升品牌影响力和市场份额。

在实际工作中，我发现品牌计划的成功不仅依赖于明确的战略目标和关键成功因素，还需要整合营销传播，确保各接触点的信息一致性。

在中国市场，我们需要特别注重 4P 策略的细化和实施。首先，在产品策略上，区域性临床试验和独特卖点是赢得市场的关键。 有时候，通过本地化的临床试验数据和突出的疗效，更能吸引医生和患者的关注，迅速占领市场。

在价格策略上，考虑卫生经济学因素尤为重要。合理的定价不仅能满足市场需求，还能提高患者的药物可及性。 在每一次定价策略调整中，我们都需要结合国家政策和医保体系，调整价格，从而进一步提高市场份额。

在渠道策略上，多渠道分销是实现市场覆盖的有效手段。我们需要根据不同市场的特点，选择合适的销售渠道。 例如，在一些偏远地区，通过与当地药品分销商合作，确保产品能够及时送达患者手中。

在促销策略上，多渠道的推广活动能有效提升品牌知名度。 一次成功的线上线下结合推广活动，利用广告、公关、赞助活动等多种手段，传递品牌核心价值，最终实现品牌知名度和市场份额的双提升。

公共关系和学术活动赞助也是不可忽视的一部分。通过参加医疗会议和组织学术活动，我们不仅能够增加品牌曝光度，还能很好地树立品牌的专业形象。

最后，持续评估营销活动效果，优化资源配置，是确保品牌计划成功实施的关键。每一次市场反馈和数据分析，都让我更加坚定了这一点。 只有不断调整策略，才能确保品牌计划的各个环节高效运作，最终实现品牌目标。

冷涛

12 审核销售预测

在本章中，我们将深入探讨：

- 销售预测能为我们揭示哪些关键信息
- 如何处理「战略性」预测
- 如何处理「运营性」预测
- 常见问题与解答
- 旨在测试你技能的活动
- 本章所用术语定义
- 推荐阅读材料
- 编者按

销售预测能为我们揭示哪些关键信息

销售预测有不同类型:

- 战略型销售预测:作为企业战略规划的核心部分,它涉及对未来收入的预测及为实现这些收入所需的投资。这些预测对于规划企业的未来发展方向至关重要,如决定是否扩建工厂或增加员工。
- 运营型销售预测:在运营规划周期中,此类预测扮演着关键角色。预测结果不仅构成制定预算的基础,而且深刻影响企业几乎所有的运营活动。确保预测的准确性对于运营规划的成功至关重要。

预测的重要性在于其能够:

  - 应对不同"假设"情景的预测(包括乐观、悲观和基本情况)。
  - 有助于制定预算。
  - 提供监控战略实施的数据基础。
  - 支持生产计划的制定。

如何处理"战略性"预测

在第1章中,我们对市场预测和品类份额预测进行了必要的审视和修订。本章将基于你所制定的战略,重点讨论未来的投资和产品销售预测。

此刻,你已经了解:

- 目标患者群体。
- 关键战略问题。
- 成功的关键因素。

首先,您需要考虑投资多少。之所以从投资入手,是因为投资规模和方向是决定销售额的关键。

考虑您将通过哪些渠道来建立品牌，表 12.1 提供了一种思考这个问题的方法。

表 12.1 渠道选择

	知晓存在	相关性	表现	优势	情感联结
广告	√	√			√
文献			√	√	
患者教育					√
会议/论坛		√	√	√	
展览	√				√
专家关系	√	√			√
品牌提示	√				
市场调研	√	√	√	√	√
样品			√	√	
Ⅳ期临床试验研究		√	√	√	√
销售团队		√	√	√	

回顾一下关键成功因素(CSFs)，思考如何利用这些因素来推动品牌建设(见图 12.1)。

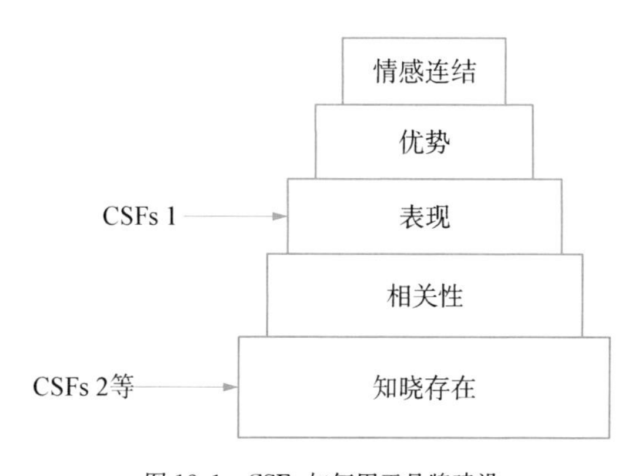

图 12.1 CSFs 如何用于品牌建设

那么,这对你的投资方向和方式有什么影响?

回顾过去几年尤其上一年的投资情况,评估这样的投资水平是否使你在市场上具有竞争力。适当调整投资规模以确保你具有竞争力。如果CSFs是你的优势,保持与竞争对手相当的投资水平即可维持领先地位;若CSFs是你的劣势,则需增加投资以迎头赶上。

一旦你感到自信,能够向高层管理解释为什么需要申请所请求的资金,以及你打算如何使用这些资金,你可以开始进一步的销售预测。

深入分析市场从问自己以下问题开始:我们的战略是否旨在推动市场扩张?换句话说,我们是否计划通过专项投资使更多患者得到治疗?如果答案是肯定的,那么基于既定的投资规模,我们期望如何有效推动市场增长?随后,据此调整市场增长预测。

考虑你的战略是否致力于市场发展,即投资是否能增加客户对你所销售药品类别的使用。根据投资规模,预测对药品类别市场份额的影响,并相应调整预测。

接下来,请思考你在当前药品类别中的患者份额。与去年相比,考虑到今年的投资策略,预期患者份额的增长趋势将有何变化?请注意,若今年的投资力度超过去年,且这些投资能有效提升你的竞争力,那么你的患者份额增长理应更为显著;反之亦然。

完成患者数量或市场潜力份额的预测后,进一步思考如何将市场份额转化为具体的销量。

请自问:我们的战略是否要求在不久的将来调整每日成本?换言之,成本要增加还是减少?考虑战略何时将改变成本,计算这一改变对销量的影响。

我们的战略是否包括延长患者的用药周期?如果是,请在预测中考虑这一点,并据此调整销量。表12.2为你提供了展示此销售预测的参考框架。

表 12.2 贯穿预测的思考方法

	现年	年+ 1	年+ 2	年+ 3	年+ 4	年+ 5
基于潜在趋势的产品销售预测						
投资市场增长带来的销量增长						
投资市场开发(品类/类别扩展)带来的销售增量						
投资市场渗透带来的销量增量						
产品销售预测(总额)						

在制定下一年具体销售目标前,确保战略性投资和整体销售预测已获得批准。随后,精确计算每月需投入的资金及具体投资内容,以实现预定的销售目标。这一过程即预算编制。

如何处理“运营性”预测

当准备为运营计划做编制预算时,建议遵循以下步骤:

- 初始阶段使用处方量而非销量。
- 模拟市场常见情况,每月预测新患者、转换患者和重复患者的数量及其变化情况。

首先,请根据你的策略调整该模型。

- 当你致力于投资市场扩张时,预计新患者群体的增长将何时显现?确保这一增长在你的模型中以新患者数量的上升得到体现,并且随着时间推移,重复患者的比例也应有所体现。
- 当你致力于投资市场开发时,预计医生改变其处方行为需要多长时间?确保这种变化在你的模型中体现为转换患者的增加和存量患者的减少。

其次,请思考你的市场竞争地位,以及你的投资将如何影响这一地位。任何竞争地位的变化都应在新患者和转换患者的市场份额增长中得到反映。

接下来,你需要计算这些变化带来每月处方量的变化以及相应销量的变化。这将帮助你了解预测与实际销售之间的差异,并进行必要的调整。这是个不断迭代的过程,重点是预算必须使销售团队感到成功是可以争取的(必须在具有挑战的同时是可实现的)。需要避免的是在一年之初,销量完成跟目标存在巨大差距(这会使销量团队丧失动力),或销售完成在一开始远远超过指标(风险就在于销售团队可能因为这种成功而变得自满)。

最后,规划你的投资策略。深入分析竞争对手的投资模式,有助于更准确地判断投资时机,以及为实现预期市场份额增长所需的具体投资额度。

你对投资水平、时机选择与销售影响之间的相互关系有何心得?(见图12.2)。观察销售预测模式,并据此规划你的投资。

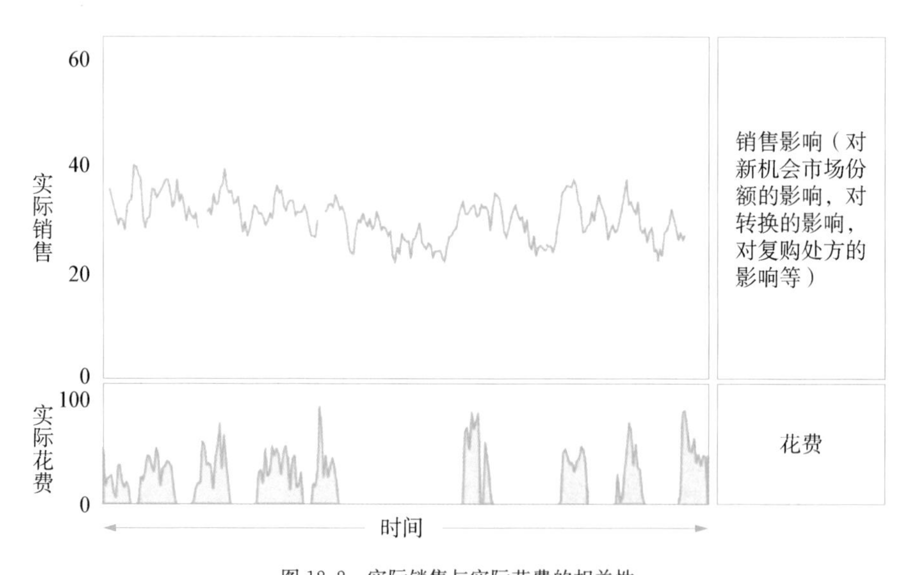

图 12.2　实际销售与实际花费的相关性

常见问题与解答

- 超出预算比低于预算要好?有人或许会认同这点。然而,在我看来,预算不足或超支都暴露出对市场或自身努力效果的认识不足。

如果我们认同一个前提，即预测的销售额会影响我们获得的投资额，那么，当我们在“x”水平的投资上取得超出预期的成绩时，我常会思考一个问题(尽管这个假设性问题可能无法得到确切答案)：如果有更多投资，你们能做得更好吗？这个问题可能涉及你对该品牌的投资不足。

- 如何看待年中不得不削减预算的情况？如果你正在建立品牌，这绝不是你想要的情况。品牌建设需要长期持续的投资——如果品牌时而出现时而消失，客户又如何能信任这个品牌？然而，在现实世界中削减预算偶尔也是必要的。在这种情况下，关键在于你削减什么。你是否明智地选择了从何处撤回资金，从而将对客户的影响降到最低？

旨在测试你技能的活动

将你的销售预测展示给您团队成员，看看他们中有多少人能以同样的方式回答以下问题。请注意，最好能让所有相关部门的代表参与，如销售、市场、医学、市场调研、财务等。

我们预计销售将主要源于哪里？

- 有多少人认为销售额将来自所有患者？
- 有多少人认为销售额将仅来自所有新患者？
- 多少人明确指出了我们的产品将取代市场上哪些现有产品？

我们这个月及本年度的预计销量是多少？

团队成员对销量来源的看法若存在不一致，这提示我们需要进一步清晰阐述策略，并确保每位成员都能深入理解策略背后的量化目标和具体预期成果。

本章所用术语定义

- 预测:对未来事件的预测,用于规划目的。
- 战略规划:设想一个未来期待的状态,设定目标并设计未来实施的营销和其他组织战略战术的过程。
- 潜在趋势预测:基于过去销售数据的标准预测。

推荐阅读材料

- Dogramatzis, Dimitris (2001) Pharmaceutical Marketing: A practical guide, Denver, Colorado: IHS Health Group.
- LIDSTONE J, MACLENNAN J. Marketing Planning for the Pharmaceutical Industry [M], 2th. Hampshire: Gower Publishing Limited, 1999.

编者按

在处方药市场的快速变化中，企业依赖精确和审慎的销售预测来实现战略规划、资源优化配置，并保持市场竞争力。销售预测揭示了未来收入的线索，对企业战略和运营规划至关重要。

战略型预测在企业面临关键发展抉择时提供决策依据，比如是否扩展生产规模或增加投资。与此同时，运营型预测帮助企业在面对市场波动时保持灵活性，确保资源的及时有效分配。

在制定战略性预测时，企业的首要任务是评估投资规模和方向，这对于达成销售目标至关重要。通过深入分析目标患者群体和精准识别市场的关键成功因素，企业能够制定更精确的投资计划，预测市场增长，并据此调整销售目标。

运营性预测侧重短期内的市场行为和患者动态，要求企业通过模拟市场情况来预测患者数量的变化。这不仅需要对当前市场状况的准确把握，还需要对未来市场趋势的敏锐洞察。举个例子来说，企业可能需要密切关注医生的处方习惯变化和患者的用药依从性变化，以便更准确地预测销售潜力。

在监控品牌计划执行过程中，企业需关注多个维度，包括绩效指标、市场行为和非财务关键目标的完成情况。这些监控维度有助于企业吸取经验、识别短板，并激发创新思维。例如，通过监测品牌知名度和市场份额的变化，企业可以及时调整营销策略，提升市场接受度。

最终，在制定销售预测时，企业应确保预测结果与战略性投资计划和预算编制紧密结合。这意味着在预测过程中，企业需考虑各种市场情景，并制定相应的应对策略。面对市场增长放缓的预测，企业可能需要重新评估投资计划，确保资源的有效利用。

总体而言，销售预测的准确性对于医药企业在竞争日益激烈的市场中保持优势至关重要。通过建立完善的销售预测和监测控制系统，企业能更好地适应市场变化，实现战略目标，促进可持续增长。

13 通过有效的沟通建立品牌

在这一章中，我们将深入探讨：

- 品牌建设的影响
- 如何建立整合的传播体系
- 有效沟通的指导原则
- 常见问题与解答
- 一项旨在提高评估市场规模技能的活动
- 本章所用术语定义
- 推荐阅读材料
- 编者按

品牌建设的影响

品牌不仅代表着对客户的承诺,也是公司信誉的象征。因此,品牌建设不仅是宣传和包装的计划,也需要一个包含时间表和预算的投资规划。

考虑到不同国家的处方模式和产品认知存在差异,品牌传播的目标亦随之不同。例如,改善一个模糊的品牌形象与重塑一个已经深入人心的形象是两个截然不同的任务。这就要求我们必须调整传播策略,以应对不同市场所面临的特定问题。

营销和传播活动通常旨在实现以下两个目标之一:一是当市场定位与品牌定位策略一致时,需强化/加深当前的市场定位,以确保长期保持;二是调整定位,以更好地满足目标市场的需求,与领先的品牌定位策略相匹配。

本章旨在探讨在构建综合沟通体系方面的当前最佳实践,以期达到更有效的整合品牌传播效果。

如何建立整合的传播体系

深入了解品牌现状成因,即对沟通流程的分析。为了进行这一分析,你需要尽可能多地收集有关自身品牌以及主要竞争对手品牌现状的信息。

具体来说,你需要评估以下几个方面:

- 自身与竞争对手的传播策略。
- 关键信息(文案)。
- 美术设计。
- 品牌元素(标志、颜色、标语等)。

请记住,你进行这一分析的目的是试图理解品牌当前现状的成因。是因为竞争对手的品牌定位比你更有效吗？是因为他们的传播策略比你更一致或更不一致吗？是因为他们的传播策略比你更清晰或更不清晰吗？他们传播策略的哪些方面已经威胁到或可能威胁到你的品牌策略？因此，这对你的沟通方式可能产生哪些影响？

深入洞悉客户需求。为了实现有效沟通，首先必须深入了解客户的想法。这包括两方面的重要信息：一是客户对品牌及其所属品类的认知和看法；二是客户如何运用这些信息来做出品牌选择。这种对客户的深入了解是构建所有传播策略的基础，最理想的是能够针对不同国家进行具体分析。

委托专业机构进行合适的调研。通过深度访谈、焦点小组讨论和问卷调查等方式，获取深入的客户洞察。了解客户的想法是所有传播策略的出发点。与此同时，我们还需要关注客户的思考方式，特别是他们如何处理和运用信息。这些信息对于精准制定传播策略至关重要。

与代理公司进行协作。根据上述分析，需要完成以下任务：

- 明确当前市场观念，指出你希望强化或调整的方向。
- 描绘期望塑造的未来市场认知。
- 概述本次沟通活动的核心目标与意义。
- 撰写传达品牌信息的声明。
- 全面总结客户对品牌及其所属品类的理解，以及他们在信息处理和使用上的行为特点。

在与代理公司探讨创意方案时，应优先考虑与市场主流观点相契合的方向。只有当品牌的核心价值与消费者普遍认知存在显著分歧时，才应依托对客户观念的深刻洞察，有针对性地构建反驳观点，以引导市场态度的转变。

此外，对于市场中的小型参与者来说，突出差异化特色是提升竞争力的关键；而对于已占据市场领导地位的品牌而言，则更应注重维护和强化品牌与消费者之间的联系（可以是情感上的，也可以是距离上的）。

确保创意的可行性。品牌建设的核心是支撑品牌战略发展的客户洞察。围绕着创意这一核心概念可以制定一系列的协调计划。一个好的创意可以指导品牌策略的执行，并将促进以下计划的产生：

- 通过创造与客户相关的可见性、联想和关系来建立品牌。
- 打破混乱的局面。

创意来源于客户洞察。创意可以强调品牌的任何方面。例如，图 13.1 展示了一种强调 Zofran™ 品牌情感关联性的执行方式；图 13.2 则展示了一种强调 E45 品牌功能利益的执行方式；而图 13.3 则展示了一种强调 Losec

图 13.1　强调情感利益的品牌传播示例
由葛兰素公司在 1990 年代委托 Paling Walters 推出

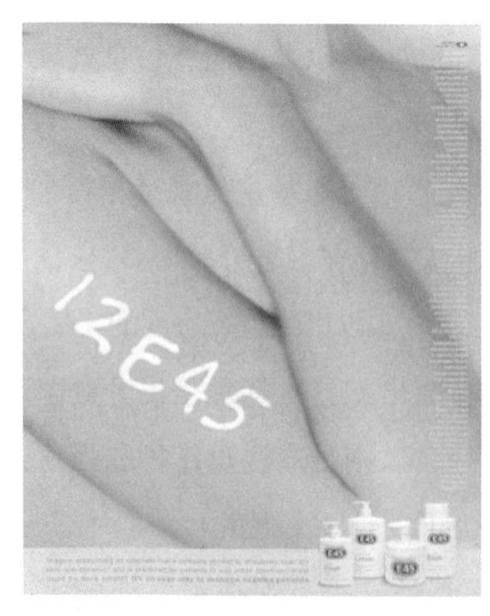

图 13.2　强调功能利益的品牌传播示例
由克罗克斯医疗保健委托伦敦 Torre Lazur 麦肯健康公司推出

图 13.3　强调品牌所代表理念的品牌传播示例
由阿斯利康（AstraZeneca）委托 Lane，Earl and Cox 推出

品牌所代表的理念(即其态度)的执行方式。

在评估创意想法时,请自问以下几个问题:

- 它能否引起顾客的共鸣?
- 我们可以围绕这一创意制定哪些品牌建设计划?
- 这一创意可能会引发哪些联想,我们又将如何发展这些联想?
- 这一创意将如何提升品牌的可见度(考虑到提升认知度、增强记忆点、让品牌深入人心等因素)? 换句话说,它能否在众多品牌中脱颖而出?

在确定最终实施方案之前,先对多个创意方案进行测试。请参考表13.1,该表提供了一份用于测试传播效果的讨论指南清单。

表 13.1 测试传播效果的讨论指南清单

研究目标是否已经清晰阐述?
在受访者接触新的或不同的传播内容之前,我们是否已采取措施来了解他们对我们品牌的现有认知、理解、信念和感受?
所设计的问题是否既能激发理性思考,又能触动情感共鸣?
在进行结构化的传播评估之前,是否有为自发回忆预留空间?
受访者是否被要求划分信息的优先级,例如识别出主要信息或最具吸引力的信息?
你是否理解代理机构将用来解读研究结果的分析框架?

进行测试时,请注意以下几点:

- 使用至少 6 则广告来测试创意想法的最终执行效果。
- 始终在相同的位置测试最终执行效果——通常是第二个位置。这样可以确保有一个适当的"上下文环境"来审视它,其他广告需要轮换。
- 要评判的是创意想法,而不是执行效果。

有效沟通的指导原则

在制药行业中,常见的营销活动错误包括:

- 过度使用公司或品牌标志:永远不要在宣传中只提到公司或品牌名称。一定要有与品牌或公司名称相关的信息,以加强你的品牌战略。
- 使用与品牌形象无关的图像:永远不要在广告中使用与你的品牌形象、个性或其使用场合无关的图像。要始终开发能让客户(概念目标)将自己"代入"到图片中的广告。如果你能成功地让客户在广告中看到自己的影子,那你就赢了。
- 模仿竞争对手的广告活动,而不是打造自己独特的形象:永远不要制作与竞争对手当前正在投放或过去投放过的广告相似的广告。要始终确保你的广告活动与众不同、更优秀、更特别,让客户相信你的品牌独一无二,并传达购买你产品的好处。
- 提出无法支持的主张:永远不要通过夸大事实来过度宣传你的产品好处。永远不要开发让客户难以相信的广告。要始终传达清晰、有意义的好处,并用理性和可信的"理由"来支持。
- 试图通过追赶潮流来吸引注意:永远不要把追赶潮流作为你广告创意的起点。
- 使用攻击性或愤怒的语气:人们不能容忍多次重复出现的粗鲁粗糙且使人厌烦的沟通。永远不要使用愤怒来引发关注,它会让人反感。

常见问题与解答

- 在开发广告活动时,人们最常犯的错误是什么? 常见的错误有两个:

当你回顾市场上数十家不同竞争对手的广告活动时，你会震惊地发现，许多广告的执行方式几乎完全相同，甚至可以在没有人注意到它们来自哪家公司的情况下互换。另一个常见的错误是，广告活动未能在品牌和目标市场之间建立相关的联系。

- **我们能否同时传达多条信息？** 答案是不行。在品牌推广中，应始终确保只传达一条清晰、一致且能有力支持品牌定位的核心信息。虽然这条信息可以通过多种渠道和媒介进行传播，并且每种媒介可能突出展示信息的不同方面，但核心信息本身必须始终保持一致。当然，这条核心信息可以随着时间和市场状况的变化而进行调整。无论在任何情况下，对外传达统一、连贯的声音都至关重要。必须确保媒体、客户以及消费者接收到的所有关于公司和品牌的信息都是准确无误的，并且完全符合企业形象和品牌定位策略的要求。
- **对于已经建立的品牌来说，首要任务是拓展新客户还是维护现有客户？** 首要的任务是维护好与现有客户的关系，尤其是那些对品牌忠诚度较高的客户。当品牌面临挑战时，应优先考虑如何稳住现有客户基础，这通常意味着需要更加关注他们的需求和体验。当然，在考虑拓展新的客户群体时，也必须谨慎评估这可能对现有客户产生的影响。品牌资产在很大程度上取决于现有客户的满意度和忠诚度。这并不意味着你永远不应该放弃某个品牌资产。只是在这样做之前确保您有一个令人信服的理由。
- **是否有任何营销活动在你的脑海中留下了深刻印象，让你清晰地意识到该品牌为何能引起顾客的共鸣？** 我能想起一些例子，比如图13.4～图13.6所展示的那些广告活动，在我看来，它们在推出时都具有突破性的创新。
- **营销组合中的侧重点是否会因为品牌类型而有所差异？** 是的，很可能有所不同。例如，对于功能性品牌来说，营销活动的重点可能会放在提升产品性能和性价比上，因此与产品、价格和分销相关的策略会显

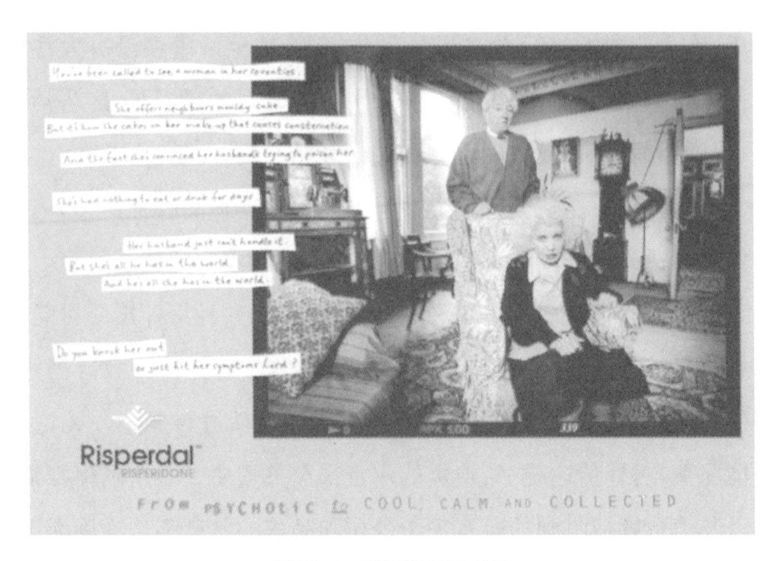

图 13.4　利培酮(1997 年)

公司:杨森-西拉格。广告代理:Junction 11 广告(公司)

图 13.5　舒利迭(2002 年)

公司:葛兰素史克。广告代理:伦敦 Torre Lazur 麦肯健康公司

图 13.6 捷赐瑞(1997 年)

公司:阿斯利康。广告代理:麦肯健康公司

得更加重要。而对于形象化的品牌来说,传播策略可能会占据主导地位,因为这类品牌更注重塑造独特的品牌形象和个性。对于体验式品牌来说,提供卓越的产品体验和服务则是关键所在,因此与产品开发、可获得性和客户服务相关的策略会成为重点。

- 谁应该负责品牌建设? 实际上没有人专门负责这个——每个人都有责任!

高级经理必须通过他们对实现品牌目标、品牌价值和行为的承诺,向全体员工证明,内部品牌一致性对公司每个人来说都是高度优先的事项。通过他们的语言,以及他们所支持的行动和计划,高级管理人员可以证明,整个公司都在认真对待品牌建设。必须打破职责划分的壁垒。每个人日常工作的重点应放在品牌触发因素的卓越表现上。关键是在决定性的成功因素上,表现出强大和独特的执行力。

中级经理是实现品牌承诺的关键。他们的角色是将实践品牌的实际承诺注入他们的团队和运营中。这既适用于后勤部门,如销售支持,也适用于销售和医学信息类部门。

营销人员在确定品牌触发因素方面发挥着关键作用,这些因素可以成为提升品牌资产的途径,并确保创建适当的沟通和计划,以加强和个性化信息。

- 谁应该负责品牌管理? 发展全球品牌的挑战通常受到本地品牌团队的限制。这种限制的根源在于他们坚信自己的市场情况是独一无二的,而其他市场的客户洞察和最佳实践并不适用于他们。本地品牌团队可能也会下意识地觉得,自己的行动自由受到了限制,并且他们是被迫或被诱导采用了一种并非最佳的策略。

为了应对这一挑战,需要有人或某些团体来管理全球品牌。如果没有对全球品牌协同效应负责的人或团队,那么协同效应就不会产生。

这里有一些建议:

- 品牌倡导者:品牌倡导者必须既有可信度又受到尊重,因此必须是一位高级管理人员。他/她可能就职于某家本地运营公司。例如,品牌倡导者将批准所有品牌延伸决策。他或她必须找出洞察信息和最佳实践,并通过建议进行宣传。
- 业务管理团队:这里的核心理念是,每个治疗领域都由一个包括负责研发、制造、营销和销售等的直线经理在内的团队负责管理。该团队由一位执行副总裁担任主席,他还有第二职责,例如总经理。业务管理团队定义该治疗领域内所有品牌的个性论和定位。他们管理着本地品牌建设的卓越实践,这些实践可以成为全球成功典范。他们还管理着产品创新。
- 全球品牌经理:这个职位负责制定全球品牌战略,以打造强势品牌和实现全球协同效应。他们的主要职责是建设和保护品牌资产。全球品牌经理开发、调整和管理内部品牌传播系统,实际上,他们不仅仅对其进行管理,更成为它的一个重要组成部分。通过了解全球的客户、问题和最佳实践,他/她最有能力去确定和传达实现协同效应的机会。

- 全球品牌团队:这可能是制药行业最常用的模式。全球品牌团队通常由来自世界各地的品牌代表组成。全球品牌团队的工作是在全球范围内管理品牌。成功的关键在于有效的全球品牌规划流程、全球品牌传播系统、团队中的合适人选以及高层管理的支持。

一项旨在提高评估市场规模技能的活动

创意执行的影响力是一个关键考量点。以一系列医药广告为样本,包括你自己的产品广告。

参考图 13.7 中的矩阵,我们可以判断这些广告分别属于哪个象限。在所有审视的广告中,有多少比例的广告实际落在了第二象限(我预计数量不多)? 又有多少广告原本应该位于第一象限,但实际上却处于第三象限(我估计这样的情况可能较为普遍)?

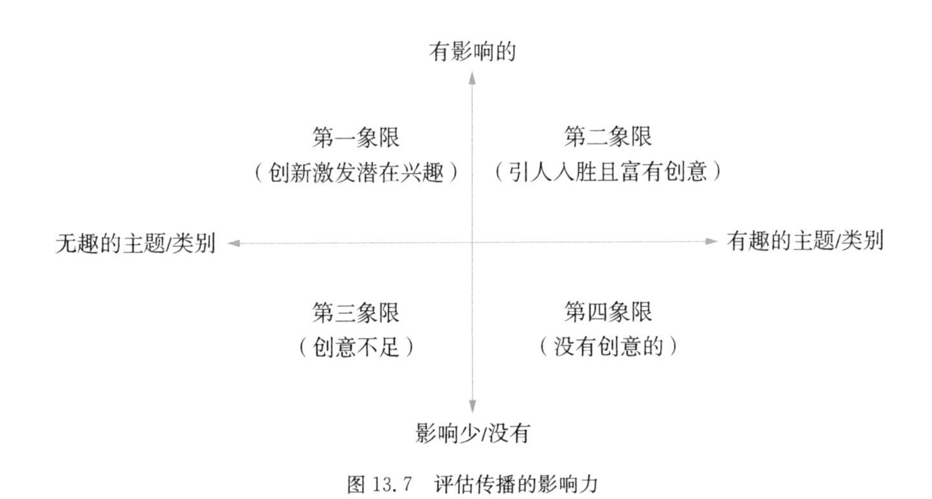

图 13.7 评估传播的影响力

期望通过这项分析,能够凸显出有效传播的一个重要机遇,即广告的传播力度。

本章所用术语定义

- 传播过程分析:收集、分析和解读客户想法的信息。
- 客户洞察:阐述支撑市场行为的关键原因。

推荐阅读材料

- KELLER KEVIN L. Strategic Brand Management. Building, Measuring, and Managing Brand Equity [M]. New Jersey, USA: Prentice Hall, 1998.
- Smith, P. R., Berry, C. and Pulford, A. (2000) Strategic Marketing Communications: new ways to build and integrate communications, London: Kogan Page.
- Smith, P. R. with Taylor, J. (2004) Marketing Communications (4th edition), London: Kogan Page.

编者按

品牌的成功不仅取决于深入的客户洞察和准确的市场定位，更在于沟通策略是否紧密贴合客户需求。 品牌建设需要进行全面的投资规划，这包括细致的宣传、包装、时间安排和预算。

有效的沟通体系构建基于对品牌现状成因及其竞争策略的全面评估，评估自身与竞争对手的沟通策略、关键信息传递、视觉效果和品牌元素的分析。 这种以市场调研为基础的策略，确保了品牌信息与客户需求的高度一致。

创意的可行性和客户洞察是品牌策略发展的核心，尤其在医药领域，更具创意的营销策略能将技术优势更壮观地转化为患者和医疗专业人员可以感同身受的实际收益。在创意评估时，需确保其能引起目标顾客的共鸣，提升品牌的可见度，并在众多品牌中脱颖而出。 确保在正式投放实施方案前进行结构化的测试，避免营销活动中的常见错误，如过度使用品牌标志，使用与品牌形象无关的图像或模仿竞争对手的广告活动。这些原则是确保品牌信息清晰传达和品牌个性化的关键。

维护现有客户关系，尤其是忠诚客户，对于已建立品牌的长期资产至关重要。 品牌传播活动应传达一条清晰、一致且能有力支持品牌定位的核心信息。 当推广创新产品时，需要始终保持信息的一致性，无论是在线广告还是医学会议，都围绕同一理念进行传播。 这种一致性有助于巩固品牌在目标受众中的印象。

品牌建设是全员参与的过程，各级经理和营销人员都扮演着重要角色。 品牌建设需要将对本土市场的深刻理解与全球视野相结合。 通过有效的沟通和创意策略，使品牌能够在竞争激烈的市场中脱颖而出，并建立起与医疗专业人员和患者的长期信任关系。 这种全员参与的品牌建设策略，确保了品牌信息在各个层面和各个触点上都能保持一致性，从而加强了品牌的市场影响力。

14

品牌计划执行的评估与把控策略

在本章中，我们将深入探讨：

- 监测评估和把控的核心是什么？为什么它是必需的
- 构建评估与控制体系的关键要素是什么
- 常见问题与解答
- 旨在测试技能的活动
- 推荐阅读材料
- 编者按

监测评估和把控的核心是什么? 为什么它是必需的

需要评估战略执行的效果,这不仅有助于创新,还帮助我们从过去的成功和失败经验中学习,并识别出认知上的不足。然而,问题是有多少人在评估中不只是看销售数据?

面对“你需要评估什么?”这样的问题,虽然答案显而易见,然而很多情况下,回答往往只是数据的罗列或者各种市场调研,而缺乏对于关键评估因素的深入理解和清晰认识。因此,即使人们普遍认可市场调研,但具体应该评估哪些内容,人们的看法却各不相同。

在此分享一些我认为企业应该重点关注监测的内容,以及为何要评估这些方面:

- **绩效(金额)(销售额、增长率和市场份额)**:帮助管理层了解是否达到了设定的目标。
- **市场行为(针对由特定需求和患者细分群体的处方)**:帮助我们了解销售产出是否来自我们的目标市场和相关的细分客户群体,这也是品牌策略有效实施的一个重要指标。
- **非财务目标的完成情况**:帮助我们了解投资是否取得了预期效果。
- **关键信息传递**:哪些因素、信息与品牌相关联,是否已经建立品牌选择的理念? 帮助我们了解是否已经有效达成预期的品牌定位和品牌个性。
- **品牌健康度**:品牌的地位和形象,产品在理性和情感两个层面被推荐的程度,是在怎样的语气和风格沟通中引发消费者共鸣的。品牌相对竞争产品的表现如何? 品牌健康度帮助我们了解策略是否奏效,是否需要调整。也可以帮助我们了解竞争产品以扩大我们的优势。
- **营销效果**:评估营销活动是否有效,宣传推广是否有效,以及,是哪些营销活动和宣传推广起到了作用。

- 竞争:哪些情况可能会有潜在的威胁,竞争分析帮助我们预测未来可能出现的问题。

构建评估与控制体系的关键要素是什么

问卷调研/研究设计

市场惯例如图 14.1 所示。

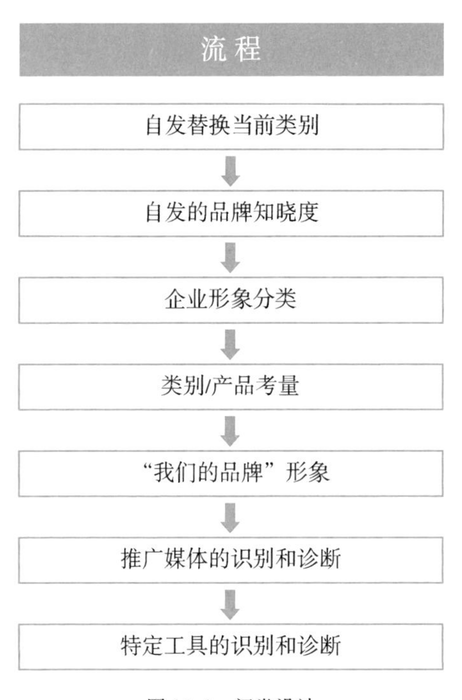

图 14.1 问卷设计

分析

在理想情况下,我们需要确切了解哪些人接触到了广告或推广材料,哪些人没有。只有这样,我们才能够将宣传推广与结果之间的差异相联系。

分析过程极其重要,例如,提及大品牌的次数会比小品牌多,因此,在分析时需要根据品牌的规模来诠释数据,以确定其独特特征。

必须了解调研公司的分析方法,因为对研究的分析方法和解读与在调研中精心设计的好问题同样关键。

时机

理解调研结果,你需要了解你的客户接触到了哪些来自你和竞争对手的宣传推广信息,通常,需要评估在特定的宣传推广发生"之前"和"之后"的差别。

品牌必须受益

如果我们都认为在评估和把控品牌战略实施的过程中,与这一过程相联系的学习是一大益处,那么确保一个有效的知识管理框架或流程也同样重要。你采用以下哪种知识管理策略?你能从其他人那里获取经验吗?

- **利用现有知识:**这里的关键是你可以在整个组织内部传递你的经验,或有机会向组织内的其他人学习。许多公司都通过举办正式的"分享最佳实践"活动来实现这一目标。
- **扩展知识:**你是否知道在哪些领域你只知皮毛?哪些是你应该探索的新领域?在制药行业,引入更多的专业人才,如"消费品"或经济学专家,已经充分证实了其对企业的益处。
- **吸收知识:**从外部获取知识,从日常生活中获得战略性洞察。本书中描述的许多活动都与此有关,你在尝试之后可能会取得意想不到的成果。

常见问题与解答

- **关于监测评估和把控的建议:**"品牌战略"需要非常明确的定义,这是监测评估和控制的基础。否则，我们甚至不清楚应该衡量什么。

- **在资源有限的情况下，你应该如何分配你的市场研究经费？** 是用于深化对市场的理解，还是用于评估战略实施的效果？重要的研究应该优先考虑，以确保战略得到有效实施。然而，一旦识别出实施过程中的问题，你就可能需要重新审视市场，验证和挑战支撑战略的洞察以及策略的执行。
- **你是否主张在实际应用中测试推广材料的效果？** 我不主张在实际应用中测试推广材料的效果。如果已经在印刷前进行了测试，并根据测试的发现逐行对材料进行了仔细的修改，在材料已经印刷并分发给销售代表之后，你做测试的意义何在呢，你又该如何利用测试结果呢？设计新的市场活动，我们应该关注：
    - 推广的直接成效是什么？
    - 宣传推广是否起到了作用？
    - 哪些宣传起到了作用，影响有多大？

你可以将这一次的经验应用到下一场活动设计中。

- **如何了解你的品牌实力？** 市场份额不能回答这个问题，销售额或者目标的达成也不能反映品牌实力。真正重要的是品牌资产的衡量。像Millward Brown这样的市场研究公司已经开发了专门工具来评估品牌资产。

对于市场部人员来说，在制定品牌计划时，首要任务是了解当前品牌或服务的优势，深入了解品牌资产。

在制药行业，很少有公司能准确回答品牌实力的问题。尽管一些行业领导者正在试图建立研究体系收集关键信息，但在我们合作的公司中，只有三家将品牌资产衡量纳入日常工作，在预算紧张时，即使这几家公司也不一定会保留评估品牌资产的计划。原因很简单，这些公司的高层管理者是否坚信品牌的价值。

旨在测试技能的活动

分析两个最近的(但不同的)品牌活动,看你是否能回答以下问题:

- 哪一个活动更能“吸引顾客”,为什么?
- 医生们是如何解读广告的?
- 医生们对每则广告记住了什么,为什么?
- 哪个活动更好地融入了品牌,为什么?

如果在回答这些问题时有困难,那么你可能在评估、把控以及获取经验方面做得还不够。

推荐阅读材料

- IACOBUCCI D. Kellog on Marketing [M]. Canada: John Wiley & Sons, 2001.
- KELLER KEVIN L. Strategic Brand Management [M]. Building, Measuring, and Managing Brand Equity [M]. New Jersey, USA: Prentice Hall, 1998.
- LEVY SIDNEY J. Brands, Consumers, Symbols & Research [M]. California, USA: Sage Publications, Inc, 1999.

编者按

在医药市场复杂多变的环境中，建立一个精准而全面的监测与控制体系对于确保品牌战略的有效执行至关重要，这样的体系不仅促进企业从历史经验中学习、激发创新思维，还加强了企业对市场动态的敏锐感知和快速响应能力。

首先，监测和控制的核心内容是多维度的，它包括绩效指标、市场行为、非财务目标的完成情况等关键要素。这些要素共同构成了一个综合评估框架，帮助企业深入理解品牌战略的实施效果。在中国市场，这一框架尤为重要，因为市场动态的快速变化、政策环境的持续演进以及患者需求的日益多样化，都要求企业能够及时调整策略以适应市场。

进一步来说，通过对绩效指标的细致监测，企业能够洞察销售额的来源，判断其是否符合目标市场和客户群体的预期，从而评估品牌策略的成效。市场行为的监控则为提供了关于特定患者群体处方趋势的宝贵信息，帮助我们把握市场脉动。非财务目标的完成情况则衡量了企业在社会责任和品牌建设上的投入是否取得了预期的成效。

此外，关键信息传递的监控确保了品牌信息的有效传播，并巩固了品牌核心理念。品牌健康度的监测则从理性和情感层面评估了品牌在消费者心中的推荐程度，这对于理解品牌与消费者之间的深层次联系至关重要。

在营销效果的评估中，企业应当具备识别有效的沟通策略能力，并指导如何进行优化。竞争分析则通过对竞争对手的深入研究，为企业应对未来挑战提供了预警。

构建监测与控制体系时，需特别关注问卷调研或研究设计、分析要点、时机选择等方面，确保品牌从中受益。这要求企业不仅要洞察市场惯例，还要分析沟通效果与结果之间的关联，并根据品牌的实际情况来解读数据。

知识管理策略的运用同样关键，它包括利用现有知识、扩展知识边界以及吸收外部知识。这有助于企业在组织内部传递知识，探索新的学习潜力，并从日常运营中获得战略洞察。

通过这些综合措施，中国医药企业能够及时捕捉市场动态，灵活调整战略，从而在竞争激烈的市场中保持领先。一个高效的监测与控制体系是企业实现品牌战略目标、提升市场竞争力的坚实基础，它使企业能够在变化莫测的市场中稳健前行。

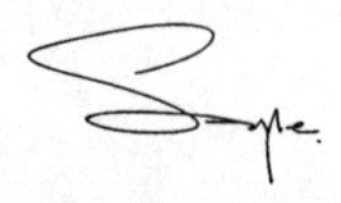

15 结论

在本章中，我们将深入探讨：

- 克服困难
- 以客户为中心
- 不要避免细分和定位
- 明确中央市场与区域市场的角色和责任
- 从公司组织层面支持品牌营销
- 创建一个组织
- 现有产品“品牌计划”的大纲结构
- 编者按

克服困难

医药行业的品牌营销面临特殊的挑战。其中包括:

- **品牌开发和利用的时间**:由于专利期较短,且在专利到期后仿制药物被广泛使用,因此这段时间较短。
- **品牌营销的方式**:医生重视基于科学的品牌选择。这一点需要在传播方式中得到体现。选择一个"差劲"的品牌会破坏医生与患者的关系,并可能引发法律问题。监管限制很明显,会影响到新产品的开发和品牌推广。
- **跨多个受众群体管理沟通一致性**:政府和保险计划通过处方集和报销标准来促成品牌选择,因此我们还必须向他们传达清晰、有价值的信息。

以客户为中心

医药行业的营销职能需要迅速迭代。为了能够拥有建立品牌的能力,它必须变得更加"以客户为中心"。

虽然这不是成功的唯一路径,但业界普遍认同,那些能够充分发挥客户群体价值的公司,相较于单纯以产品为焦点的公司,更具备持续增长的潜力。这并非意味着产品与服务的质量无关紧要,而是指出,真正的长期增值越来越依赖于对客户群体的深入理解和有效经营。

在我看来,品牌规划通过三种不同的机制,帮助客户实现长期价值的最大化:

- 客户获取——在"正确"的场景下处方药物(即正确的医生和合适的患

者）。

- 客户忠诚度——让“目标”医生更多地使用我们的品牌产品。
- 客户留存——患者使用药物的依从性更为良好。

不要避免细分和定位

细分和定位是品牌规划的两大核心营销策略。它们的目标是对潜在客户群体（包括医生和患者）进行筛选，以缩小目标范围，同时确保所聚焦的人群更有可能认同并采纳公司的产品和服务。因此，细分和定位是实现品牌规划精准有效性的关键工具。

人们对一个品牌的想法、记忆和感受，在个人层面上，是品牌资产的本质。创造和维护品牌资产需要在“工厂”和客户心中（医生、支付者、患者、其他医疗保健提供者）创造价值。管理在线品牌的挑战在于如何维持和加强品牌资产。

明确中央市场与区域市场的角色和责任

对新产品的建议

如前所述，在“新产品的品牌规划”方案中涉及许多重要决策点，即市场细分（市场需求和患者细分），战略目标，目标定位（市场需求、患者细分和客户），品牌策略，关键成功因素和行动。这些决定应该由谁来做？应该由中央市场团队来做，还是由区域市场团队来做？

我非常信奉“全球化思考，本地化行动”。在我看来，区域营销团队可以在为促进“全球化思考”的实施贡献力量的同时，确保实施计划能解决所有的本地化问题。

为了支持这种方法,需要一个全球营销职能和一个区域运营公司的营销职能。对于拥有全球营销职能的公司来说,区域营销职能可能是一种“奢侈品”,但对于那些没有的公司来说,则是一种必需品。我们的经验表明,有6个子流程主要由中央市场团队驱动。它们是:

- 战略和规划。
- 市场调研。
- 市场预热。
- 公司预热。
- 提炼产品价值(注册和医保策略)。
- 生命周期管理。

其他流程(“产品开发流程”、“审批流程”和“生产流程”)主要是研发和制造部门的责任。

本地分公司的运营参与基于距离上市时间的不同而有所差异。在上市前,它应该深度参与调研本地市场、做好本地市场准备并拟定“市场准入”策略。

在理想情况下,本地市场团队的参与实际上从上市前两年就开始了,不过,从制定战略和发展计划的概念验证阶段开始,就需要商业团队参与(由中央团队协调但得由地方团队共识和认可)。

在表15-1、15-2和15-3中,你将看到我对本地分公司和中央市场团队在上市前各自贡献的总结。我们将考察3个阶段:上市前24～36个月;上市前12～18个月以及上市阶段!

表15-1 中央及区域市场的职责对比(上市前24~36个月)

上市前24～36个月
中央战略规划
中央团队将根据现有临床数据、潜在目标产品特征、市场竞争态势及整体市场环境,制定全面的战略规划。本地运营公司需通过面对面会议等方式,对规划进行细致审查与反馈。全球营销团队将汇总各方意见,进一步完善并确立品牌战略。

(续表)

上市前 24～36 个月
市场调研
在市场调研阶段，本地运营公司需积极参与并提供资金支持。调研重点包括确认市场环境、分析竞争对手地位、了解目标产品特征的市场接受度等。调研对象应涵盖医生、患者（视疾病种类而定）及支付方。
市场准备
全球营销团队将寻求本地运营公司的专业建议，特别是在全球上市前的准备工作中，识别并合作具有影响力的行业思想领袖，共同为产品的成功上市铺平道路。

表 15－2　中央及区域市场的职责对比（上市前 12～18 个月）

上市前 12～18 个月
当前的关键里程碑是获得Ⅲ期临床数据，以了解实际的产品概况
中央战略规划
要求本地运营公司审查更新后的计划，要求本地运营公司准备他们的上市计划并研究市场，要求本地运营公司进行市场调研以支持上市。
市场准备
本地运营公司成立地方咨询委员会，利用其全球小组成员。
公司准备
本地运营公司参加中央的“培训师培训”会议，本地运营公司根据当地需求定制中央培训材料，本地运营公司开发并测试当地的促销材料，本地运营公司为各分公司准备上市。
抓取产品价值
本地运营公司利用中央开发的定价和健康经济数据，在企业规定的价格范围内争取最佳的本地价格/报销方案

表 15－3　中央及区域市场的职责对比（上市阶段）

上市时
全球营销团队将重点转向制定价值策略和产品生命周期计划，以支持品牌战略

对在线产品的建议

对于在线品牌,中央团队的作用是通过生命周期计划支持全球品牌战略的实施。中央团队的工作重点应放在以下方面:

- 继续支持和加强品牌地位的适应证有哪些?
- 需要哪些数据来持续强化关键信息?
- 需要哪些产品和配方来保持品牌的相关性和(或)支持品牌定位?

另一方面,本地市场团队应该关注他们传播的有效性,即品牌在哪里具有相关性,为什么具有相关性等。

在我看来,区域市场团队可以在促进"全球化思维"的实施方面增加很多价值,同时确保实施计划解决本地问题。

为了支持这种方法,现在需要运营公司将市场研究资金用于确保他们了解客户,与客户一起取得了哪些成就(或没有取得哪些成就),以及为什么取得了这些成就。

在表15-4中,你将看到我对本地运营公司和中央营销团队在管理在线品牌方面各自贡献的观点摘要。

表15-4 "全局思考,局部行动"框架

市场细分
品牌营销策略将集中开发,并整合地方市场洞察。
战略分析
全球品牌团队与本地市场需共同开展战略分析,旨在发现战略机遇与挑战,实现品牌策略的全球化视野与本土化适配。
品牌策略
中央集权式定义,地方分权式监控与管理。
品牌建设计划
全球团队需通过品牌生命周期管理来实施品牌建设。

(续表)

本地市场需识别关键性品牌建设计划,并通过最佳实践论坛共享这些计划。
目标与衡量标准
战略目标和衡量标准应当明确界定。
短期目标和衡量标准由市场定义。

从公司组织层面支持品牌营销

你的营销团队必须明确地传达一个独特而与产品利益相关的品牌定位,并识别出支持品牌承诺的两到三个核心要素。这些要素将为构建与客户之间的情感纽带奠定坚实基础,并应被视为营销计划中的关键成功因素。

品牌战略的核心在于确定所期望的品牌联想,这些联想将引领营销活动的各个层面。因此,在与客户接触的任何环节中,都应深思熟虑如何创造或强化这些期望中的品牌联想。通过这样的方式,你的品牌将更有可能在市场中脱颖而出,并与客户建立深厚的情感联系。

关键成功因素会根据我们是查看全球营销计划还是本地运营公司计划而有所不同。即使是本地运营公司计划,每个本地运营公司的关键成功因素之间也可能存在差异。

我的建议是,每个支持部门都根据这组关键成功因素来制定自己的目标。这些目标需要与战略目标和品牌战略保持一致。这样,你可以确保所有部门都与营销计划保持一致,无论它们是全球部门还是本地运营部门。

最后,作为一个整体,领导层团队必须动员整个团队围绕关键成功因素采取行动。你必须持续执行将品牌触发点整合到品牌运营中。要做到这一点,他们需要不断检查,以确保将关键成功因素纳入组织的常规流程中(例如,日常角色、特定流程,如业务规划、运营矩阵等),而不是仅由营销部门采取行动的项目。

创建一个组织

力求实现:定义明确的词汇表,相同的战略分析输入,相同的架构以及相同的输出。

本书的大部分内容都涉及前三点,现在我将分享对输出的看法。

新产品“品牌计划”的大纲结构

新产品计划最好以 Word 文档的形式呈现。这是你能更好地表达如关于定位的思考。我在此附上一份新产品战略品牌计划的内容示例表。根据你所管理的产品处于临床开发过程的哪个阶段,不同的部分可能需要相应的侧重。

示例

- 产品概况。
- 市场情况。
    - 患病率和发病率。
    - 市场定位。
    - 市场经济。
    - 未满足的需求。
    - 竞争差异化。
    - SWOT 分析(优势、劣势、机会、威胁)。
- 关键问题。
- 战略目标。
- 品牌战略。

- 关键成功因素(CSFs)和战术目标。
- 营销计划。
- 成功的关键指标。
- 附录。
  - 附录 1:患者流。
  - 附录 2:洞察分析。
  - 附录 3:未来市场评估。
  - 附录 4:竞争态势。
  - 附录 5:已考虑的战略选项。

现有产品“品牌计划”的大纲结构

对于现有产品,我强烈建议使用 PowerPoint 模板来展示计划。你需要单独提供战略分析,以展示所做出的决策和(或)建议。表 15-5 列出了我认为这份幻灯片应该包含的内容。

表 15-5 示例 幻灯片内容

内容	支持处理/思考
业务愿景(战略目标) 量化目标 质化目标	定义您所在的市场 细分市场的方法 细分市场的规模(即吸引力) 目前的竞争地位,保持或提高这一地位有多容易
实现愿景的策略 哪些产品、哪些客户、哪些需求? 关键的战略问题	重点关注哪些机会,使用哪些产品? 为抓住机遇,应重点关注/影响哪些客户? 潜在的障碍以及需要积极应对的障碍。
战略实施计划 我们需要在哪些地方投资? 需要投资多少? 我们如何吸取去年活动的经验教训?	成功的关键因素是什么? 要想取得成功,年底前我们需要达到什么目标? 我们去年学到了什么? 要达到目标需要开展哪些活动? 如何确保这些活动符合并强化品牌核心价值?

(续表)

内容	支持处理/思考
评估战略和实施情况的计划。 我们是否实现了既定目标?	我们将如何评判自己的表现? 我们做了哪些假设? 风险在哪里? 除了销售和市场业绩指标,如何知道自己是否有效?

编者按

在激烈竞争中，品牌化已成为企业制胜的关键。 它不仅是产品特性的展示窗口，更是企业理念、文化和价值观的传递者。 品牌化的过程，是企业与患者、医生建立深厚情感联系的过程，是在市场上树立独特形象、赢得信任与忠诚的过程。

面对治疗领域的快速变化和仿制药的激烈竞争，品牌化策略的制定与执行显得尤为迫切。 企业需要在专利到期前，通过品牌的力量，建立起产品的市场地位，确保在仿制药涌入市场时，仍能保持竞争力。 这要求我们不仅要关注产品的疗效和质量，更要关注品牌形象的塑造和传递。

品牌化的成功，需要企业深入理解市场需求，洞察患者和医生的关切点。 通过精准的市场细分和目标定位，企业能够更好地满足特定患者群体的需求，提供更为个性化的治疗方案。 同时，品牌化还需要企业在营销策略上进行创新，运用多渠道、多手段的沟通方式，增强与消费者的互动，提升品牌的认知度和影响力。

在全球化的背景下，中国肿瘤医药市场的品牌化还面临着跨文化沟通的挑战。 企业需要在全球化的品牌战略指导下，结合本土市场的特点，制定本土化的营销策略。这不仅能够提升品牌的全球竞争力，也能够更好地满足本土市场的需求。

此外，品牌化的实施还需要企业内部的协同合作。 从研发、生产到营销、销售，每一个环节都需要围绕品牌战略进行工作，确保品牌信息的一致性和连贯性。 这要求企业建立有效的内部沟通机制，确保品牌战略能够得到全面、准确的执行。

总之，品牌化是中国医药企业在市场竞争中立于不败之地的重要武器。 通过深入理解市场、创新营销策略、跨文化沟通和内部协同合作，企业能够在品牌化的道路上不断前行，赢得市场的认可，实现可持续发展。 让我们以品牌化为旗帜，扬帆远航，开启中国医药市场新征程，为患者带来希望，为企业创造价值。

在中国医药市场，让我们以品牌化为帆，以科学为舵，以患者为中心，共同驶向更加光明的未来。